売れっ子セラピストだけが知っている3つの軸

自分もお客様も豊かで幸せになる方法

藤井 美江子

はじめに

今、癒しを求める人が増え続けています。忙しい毎日の中、心身ともに疲れを感じ「癒されたい」と思っている人が本当に多い時代となりました。

「癒し」という言葉は世の中に溢れていますが、そもそも癒しとはどのような状態のことなのでしょうか？

私は癒しとは「心の安定」を図ることだと考えています。また「自分の状態を知ること」も癒しに繋がると言えます。

例えば、理由も分からず気分が落ち込むことや、イライラするといった「感情」はコントロールが難しく、なかなか解消できませんよね。そんなときは、先ず自分の心身の状態を知ること。傷んでいる部分が分かれば、修復する方法も見つかります。そして、その部分が修復されることで心の安心や安定を得ることが出来ます。

マッサージやエステでも、触れられることで自分でも気づいていなかった身体の状態を知ることができ、不調な部分を解消することが出来ます。心と身体は繋がっているので、どちらも大切です。身体が不調であれば心も落ち込み、心が疲れていれば身体にも不調が出たりする…。多くの方がそんな経験をされたことがあると思います。だからこそ癒しが必要とされるのでしょう。

さて、そんな「癒し」を得るには自分ひとりでは難しく、誰かの言葉や想いといった助けが必要になることが多々あります。癒しをもたらすスキルをもった人たちは世界中にたくさんいます。そしてもちろん、日本にもたくさんいるのです。

それが「セラピスト」です。

しかし、まだまだ必要とされていないと感じています。いや、必要とされる以前にまだまだ存在が「知られていない」のかもしれません。

癒しの必要性、それを提供する人「セラピスト」がいることなぜそれが知られていないのでしょうか？
その原因の一つとして、セラピストが輝けていない＝活躍できていないということが考えられます。セラピストが自分らしく輝くことで癒しの必要性はもっと広がるでしょう。

人は誰かに必要とされたとき、自分の存在価値を見出せたときには、より豊かさを感じ心が満たされるのではないかと思います。セラピストを仕事にしている人たちは、特にその想いが強く誰かのお役に立てることが喜びになります。
もちろん私もその一人です。私は、セラピスト達が仕事も暮らしももっと充実した毎日を過ごしていけるようなお手伝いができれば何より嬉しいです。

成功と成幸を手にし、心が満たされたセラピストが増えますように
そして、より多くの方々の心身が癒されるようにと願いを込めて…。

Chapter 2

あなたに合ったセラピストスタイルを見つける

Chapter 3

サポート軸・セラピーを生業にするタイプ

Chapter 4

アシスタント軸・教えるを生業にするタイプ

Chapter 5

ガイド軸・新しい提案を生業にするタイプ

Chapter 6

豊かさを引き寄せるセラピストの仕事術

Chapter 1

あなたらしく輝ける
セラピストに
なるためには

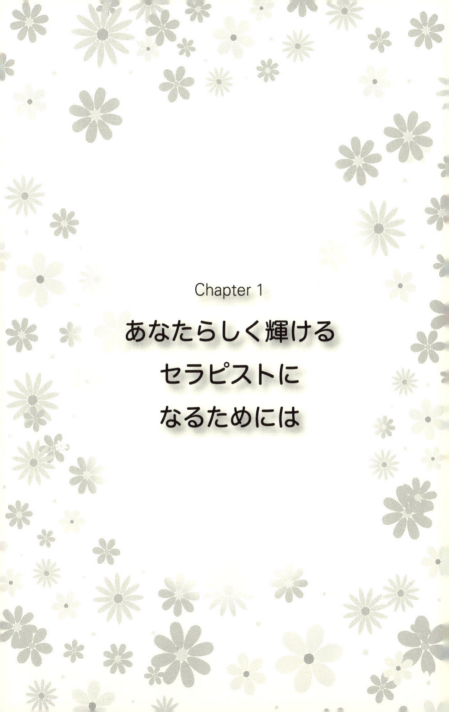

01

今こそセラピストが必要！

心のケアも予防の時代

近年、健康志向の高まりを受けて、食事内容を見直したり運動を習慣にするなど、病気にならないためのさまざまな予防策を取り入れる人が増えています。毎日、見ない日はないというくらい健康番組が放映されていますよね。また、日常的にウォーキングやランニングをする人を目にしますし、スポーツジムの数も増え続けています。

身体の健康と同様に、メンタルヘルス（心の健康）についても注目されています。特に働く人を中心に、メンタルヘルスは大きな社会問題として多くの人から関心が寄せられています。

私のサロンに訪れるお客様も、痩せたい！　お肌をキレイにしたい！　といった外面的な「美容」を目的とするだけでなく、身体や心に感じる疲れのケアを目的とした「癒し」を求める人が後を絶ちません。お話を伺うと、仕事や人間関係においてストレスを強く感じている方が非常に多く、心の不調からうまく人生を送れない人が増加している現状に大きな不安を覚えます。

これは、私たちのような癒しや美容に携わる人だけが感じていることではありません。現在の日本では社会全体の課題となっており、メンタルヘルス不調を予防するために国を挙げての取り組みが始まっているのです。

ストレスチェック制度の導入

政府の取り組みのひとつとして挙げられるのが「ストレスチェック制度」の実施です。厚生労働省より2015年12月から施行された制度で、労働者が50名以上いる事業所では、年に一回、すべての労働者に対してこの検査を実施することが義務づけられました。

このストレスチェック制度は、企業で働く人たちが自分のストレスの状態を知ることで、ストレスの溜め込みすぎを予防したり、ストレスが過剰な場合は医師の面接を受けたり、仕事量の軽減などで労働環境を改善し、「うつ」など心の不調を未然に防ぐための仕組みです。

働く人たちの心身の健康状態は、会社全体の業績にも関わることです。そして、仕事をしている時間は一日に占める割合が高いので、人生そのものにも影響するとも考えられます。

ストレスチェック制度（厚生労働省の案内）

しかし、ストレスチェック制度がスタートして1年半が経過した現時点では、メンタルヘルスを維持するにはまだまだ課題があるように思います。

実際、私のサロンにいらっしゃるお客様でこの検査を受けた方たちから、こんな声を耳にしています。

「チェックはされたけど、その後の対応は特に何もない」

「あくまで会社の制度だから本音では答えられなかった」

このように、真剣に自分の心の状態やストレスと向き合うまでには至らなかった人がいるということは、この制度は十分に機能しているとはいえないのではないでしょうか。

また、個人事業主や主婦などのお勤めをされていない方には、この制度を利用する機会がありません。心の不調を未然に防ぐのは、すべて自己管理に委ねられることになります。

ですが、実際には子育てや介護・人間関係などから、身体だけではなく心も疲れている人は非常に多いのに、その心を日常的にケアしようと意識している人はとても少ないのです。日々、目の前のやらなくてはいけないことに追われ、つい大切な自分のケアが後回しになっているのが現状ではないでしょうか。

そして、もし心が健康ではない状態だったとしても周りの人にはとても分かりにくいものですし、本人すら自分の心の状態に変化が生じているのに気がついていないことも多いのです。不調を見つけられないということは対処しないまま放置されていくので、知らず知らずのうちに悪化していく恐れがあります。この「気がつかない」状態というのは何よりも怖いのです。

ストレスの常態化からくる三大不調

その原因のひとつは、現代社会があまりに情報過多になっているという点です。

私たちは多くの情報を目や耳から捉えていますが、この情報量が多ければ多いほど、それを処理する脳はストレス状態になるといわれています。

人間の脳は、簡単にいうと「考える脳」と「感じる脳」に分かれており、この2つがバランスよく日常的に働いています。しかし、どちらかが過剰に働くと、もう一方の働きが鈍くなりバランスを崩してしまうのです。

情報を処理するには「考える脳」が働きます。したがって、現代社会では「考える脳」の機能が酷使されているので、「感じる脳」の働きが鈍くなるという現象が起きています。「感じる脳」

が正常に機能しなくなると、例えば何か美しいものを見ても、感情が湧き上がることが少なくなり、それにつながる五感すら鈍くなります。五感とは、視覚・聴覚・味覚・嗅覚・触覚という人間が外からの刺激を感じる感覚機能です。

深いショックや精神的なダメージを受けたときには、これらの感覚機能に障害が出ることがあります。五感のバランスが崩れると、自分がストレスを溜め込んでいたとしても、それすら感じないという状態になってしまいます。この状態が長期的に続くことで「ストレスの常態化」現象が起こるのです。

ストレスは、自分で「あぁ！　ストレスだ」と感じている場合は、カラオケや旅行などの自分がリフレッシュできる方法で上手に解消することができます。しかし「常態化」している場合には、解消しないまま蓄積していく一方です。そして、不要なストレスの蓄積が表面上に不調として現れて、ようやく心の問題に気がつくということも多いのです。

表面上に現れる不調には大きく3つあります。

- 身体の不調
- 行動の不調
- 思考の不調

身体の不調とは、めまいや頭痛、のどのつかえ、不眠、食欲増減など症状はさまざまですが、診察してもその原因は特定できず、継続的または断続的に症状が出ることが多いようです。行動の不調とは、外出できなくなったり、やる気が出ない、集中できないというような状態です。思考の不調とは、何も感じなくなったり、判断できなくなる状態などが挙げられます。

この三大不調は、人間がもつ自律神経系、

ホメオスターシス（恒常性維持機能）

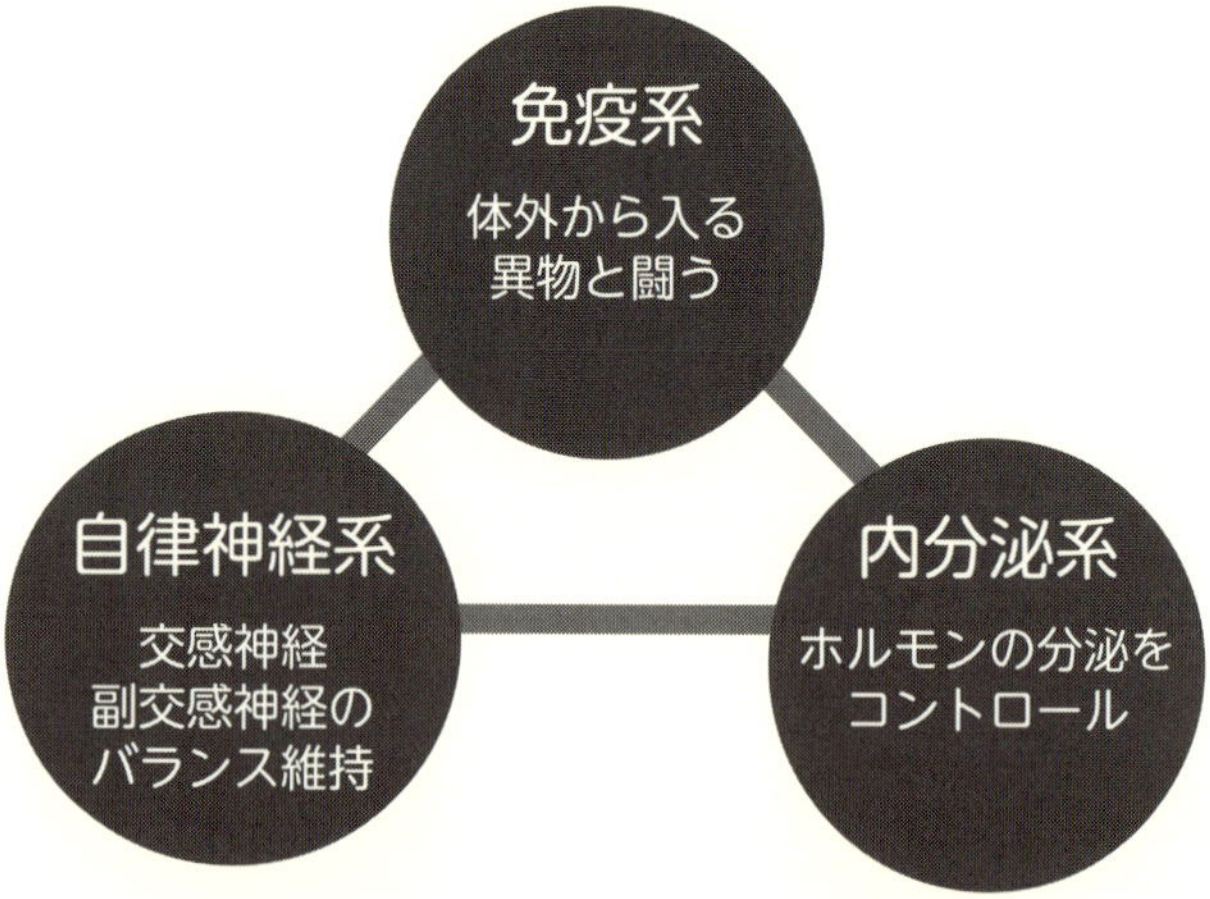

外部の環境が変わっても身体の内部を
常に一定の状態に保とうとする仕組み

免疫系、内分泌系がバランスよく働くことで保たれる「ホメオスターシス（恒常性維持機能）」の乱れにより起こります。

豊かな日々を過ごしたいと願っていても、このホメオスターシスが乱れると、暮らしにも仕事にも大きな影響を及ぼします。それによって人生を左右されるまでになるといっても過言ではありません。

そうならないように未然に防ぐことができれば、本人はもちろんのこと、周りの人も豊かな日々を過ごせるのではないのでしょうか。

心療内科は予約が取れない?!

忙しい人が多い現代、身近な人とのコミュニケーションの取り方は変化しています。直接会って、目や表情を見ながら話をするより、手軽に連絡できるメールを利用することが増えいています。人との触れ合いが少なくなるにつれ、本音をさらけ出すこともできなくなっています。

このことに気がついて、心理学やメンタル系の本にヒントを求めたり、カウンセリングやセラピー、コーチングなどを受ける人も最近は増えてきています。しかし、カウンセリングが日常的に行われている海外に比べると、日本ではまだ特別なことのように捉えられている印象があります。

また、カウンセリングの必要性を感じていない人、その方法を知らない人も多いようです。周りの人には言えない心の悩みを抱えていても、多くの人は気軽に相談できる環境がないと思っていたり（正確には知らないということ）、どうしようもない状態に陥ってはじめて心療内科などの医療機関へ行こうと考えます。

しかし、最近は心療内科で受診する人が増えており、1ヶ月や2ヶ月も先でないと予約が取れないというクリニックも多いようです。その結果、すぐに診察してもらえず、つらい状態を抱えて過ごしている人が溢れています。

それほどまでに、心の不調を抱えている人が多いということなのです。そして、これからますます増えていくと予想されます。必要としているそのときに、診察してもらえない人はどうなるのでしょうか。クリニックもドクターの数も足りていない現状には不安が募ります。

だからこそ、もっと日常的に心のケアができる環境が必要だと私は強く感じています。そのひとつが、セラピーや施術を行う環境（サロン）であり、その役割を果たすのが「セラピスト」なのです。

02 セラピストの役割

誰でもセラピストの価値観はもてる

「セラピスト」と聞くと、アロマやボディケアなどの技術系、国家資格を持つ医療系、カードやカラーなどの心理系、またはスピリチュアル系など、人によってさまざまなセラピスト像があると思います。

では「セラピストとは何ですか？」と聞かれたら、明確に答えられるでしょうか。セラピストの定義はとても広く捉えられているだけに、実際にセラピストを仕事にしている人でさえ明確には答えられないかもしれません。

セラピストの価値観や想いを広める活動をしている団体があります。それは、2011年の東日本大震災後に福島県で発足された「一般社団法人セラピスト協会」です。心の復興を目的とした活動は全国にも広がり、その想いや価値観に共感した人が現在も集まり続けています。協会代表理事である菊地スミエさんは、セラピストを次のように定義し提唱されています。
セラピストとは「心をフウって楽（ラク）にするスキルやテクニックを日常的に扱える人」のこと。

そういう生き方を積極的にしようとしている人はセラピストである。つまり、職業であるかどうかではなく、この価値観をもっている人のことであり、その人の「生き方」を指しています。そして「セラピストという生き方」を仕事にしている人が、セラピストという職業なのです。

私は、この協会が提唱しているセラピストの定義に深く共感しています。大切な人の心をラクにしたいと願っている人は、たくさんいるからです。

家族や友人、恋人など自分にとって大切な人がつらい状態であるならば、力になりたいと思いますよね。そういう価値観で見ると、家族の中にもセラピストは存在しますし、お付き合いしている恋人がセラピストだったりもするわけです。

このセラピストの価値観は誰もがもつことができます。それにより、少なくとも身近な人や自分の心のケアはできるのです。むしろ、そういう小さなところから癒しの輪が広がっていくのが私の願いでもあります。

だからこそ、私はセラピストを職業にしており、活動することで多くの方に「セラピストの価値観」を広めたいと考えています。

セラピストの仕事とは

セラピストとして仕事をするには、スキルやテクニックの習得が必要になります。さまざまなものがツールとなるので提供する内容は多く、アロマやエステ、色彩や花、メイクや絵本など、○○セラピーという種類は多岐にわたります。どのセラピーも心と身体のバランスを整え、人間の五感に働きかけるものが含まれています。

異なるサービス内容であっても、共通する目的は「相手の心をフウって楽にするお手伝いをすること」です。そのために自分がお役に立てることを提供し、お客様と共に喜びを感じるのがセラピストの仕事です。また、小さな不調や違和感が大きな心の棘にならないよう、一緒に寄り添っていく存在でもあります。

お客様と何度もお会いして関係が深くなるにつれ、徐々にお話の内容が濃くなっていきます。

心の奥にある、普段口に出せない想いや悩みをセラピストには打ち明けてくださいます。悩みによっては、友だちや家族には言えない、他人だからこそ言える本音もあるのです。家族や友だち以外の身近で心を開ける存在は、心強い味方になります。

セラピストは、お客様から聞いた内容を絶対に口外しないという守秘義務があります。だからこそ、お客様はプロである私たちを信頼してくれていますし、この信頼関係がなければセラピストの仕事は成り立ちません。

私は、多くのお客様と長くお付き合いしてきた経験から、セラピストの仕事には緊急性はなくとも、重要な役割があると確信しています。ですが残念なことに、なかなか仕事を続けられないセラピストが多くいるという現状も知っています。

03

セラピストビジネスの現状

セラピストは認知度が低い?!

セラピストの仕事は、比較的少ない経費で開業できます。一人で活動する方が多いので、路面店などのテナントを借りてサロン営業するよりも、自宅やマンションなどの一室で営業をしている場合が多く見られます。

その理由としては、大きなサロンは必要ないという考えもありますが、経費をかけられるほどの収入が得られないという現状にあると思います。実際に、本業のセラピストの他にアルバイトをしていたり、会社勤めをしていて副業として活動している方もいます。もっといえば、セラピストの活動が仕事として成り立っていない方もいます。

想いはあるのに仕事として成り立たないのは非常にもったいないですから、私自身がそんなセラピストの現状を変えるお手伝いをしていけたらと思っています。

癒しが必要とされる現代、セラピストの存在は今後ますます必要になってきます。セラピストが仕事として成り立てれば、もっと多くの方の心のケアが日常的に行え、救われる人も増えるのではないのでしょうか。

ただ問題は、それを感じているのがセラピスト側だけということです。セラピーを受けることでどのような変化をもたらすのか、何のために受けるのかが、まだ一般に認知されていません。ですから、セラピーを受けたほうがよい状態なのか自己判断ができず、気がついたときには病院や薬が必要な状況になっている場合があるのです。

それを解消するには、セラピストが心のケアの重要性や癒しの必要性を提唱し続けることが大切になってきます。

想いを広めるには仲間が大切

一人でセラピストの活動をするだけではなく、テナントサロンを出してスタッフを雇うこともできます。また、同業のセラピストとのつながりをもちながら、業界全体を盛り上げる活動をするなど選択肢はたくさんあります。

現在、私のサロンのひとつは、路面店のテナントサロンでスタッフも雇用しています。予約がいっぱいでお断りすることも多々あり、もっと癒しを提供するサロンが必要だと感じています。
実際に「癒しのサロンってどこにあるのかわからない」というお客様の声も聞きます。身近に癒しを提供するセラピストがいないと思っているようです。セラピストは確かにいるのに、「存在を知ってもらえていない」のです。

セラピストの存在をもっと広めていくには、同業のセラピストと協力し合ったり、新しいセラピストを育成したり、業界全体を知ってもらうための活動がまだまだ必要です。

身近な人の幸せを願うのであれば、わざわざ仕事にする必要はありません。大切な人のセラピストには誰でもなれるのです。しかし、より多くの人の力になりたいという想いがある場合は、やはり「仕事」にしなければなりません。

仕事として多くの方にサービスを提供していくことが、セラピストの認知度を上げることになります。たくさんの方の喜びを生み出すことは、お客様だけでなく自らの心も身体も満たされます。そして、経済的な豊かさも手にすることができるのです。

04

お客様を輝かせることでセラピストは輝く

目標は数字ではなく、望む未来をイメージすること

ビジネスにおいては、日々の数字のチェックや売上目標を立てることは当然ながら必要ですが、セラピストにはもっと大切にすることがあります。それは「どんな生き方をしたいか」ということです。自分とお客様、それぞれの「望む未来」を明確にします。

3年後「こうだったら楽しいな」、5年後「こうなれたら嬉しいな」といったワクワクするような未来を具体的にイメージし、それを目標としたほうがはるかにパワーを発揮します。数字の目標を立てるよりも、具体的なライフスタイルを決めることです。短期的・中期的・長期的、それぞれに思い描くとよいでしょう。その目標を叶えていくたびに売上もおのずとついてきます。売上の数字は、どれだけ夢を叶えたかの確認になります。

一般的に、具体的なイメージを頭の中に描けるのは3年後くらいまでといわれています。実際に私のセミナーを受講された方々に尋ねてみても、その先の具体的なライフスタイルは答えられませんでした。そこで、5年後、10年後のイメージを具体的にするには、しっかり紙に書き起こす作業が効果的です。

「いつかこうなれたら」ではなく、「○年後こうなる！」と決めることで、自分が望む未来のために必要な行動が見えてきます。

どんなに頭の良いカーナビでも、「現在地」と「目的地」がわからなければ、どの道を進めばよいのか答えを出してはくれません。その場から一歩も進むことさえできないのです。それと同じように、望む未来へ向かって進んでいくには「今」の自分を確認して、どんな「未来」を目指すのかを明確に描くことが大切です。

● 未来のイメージ

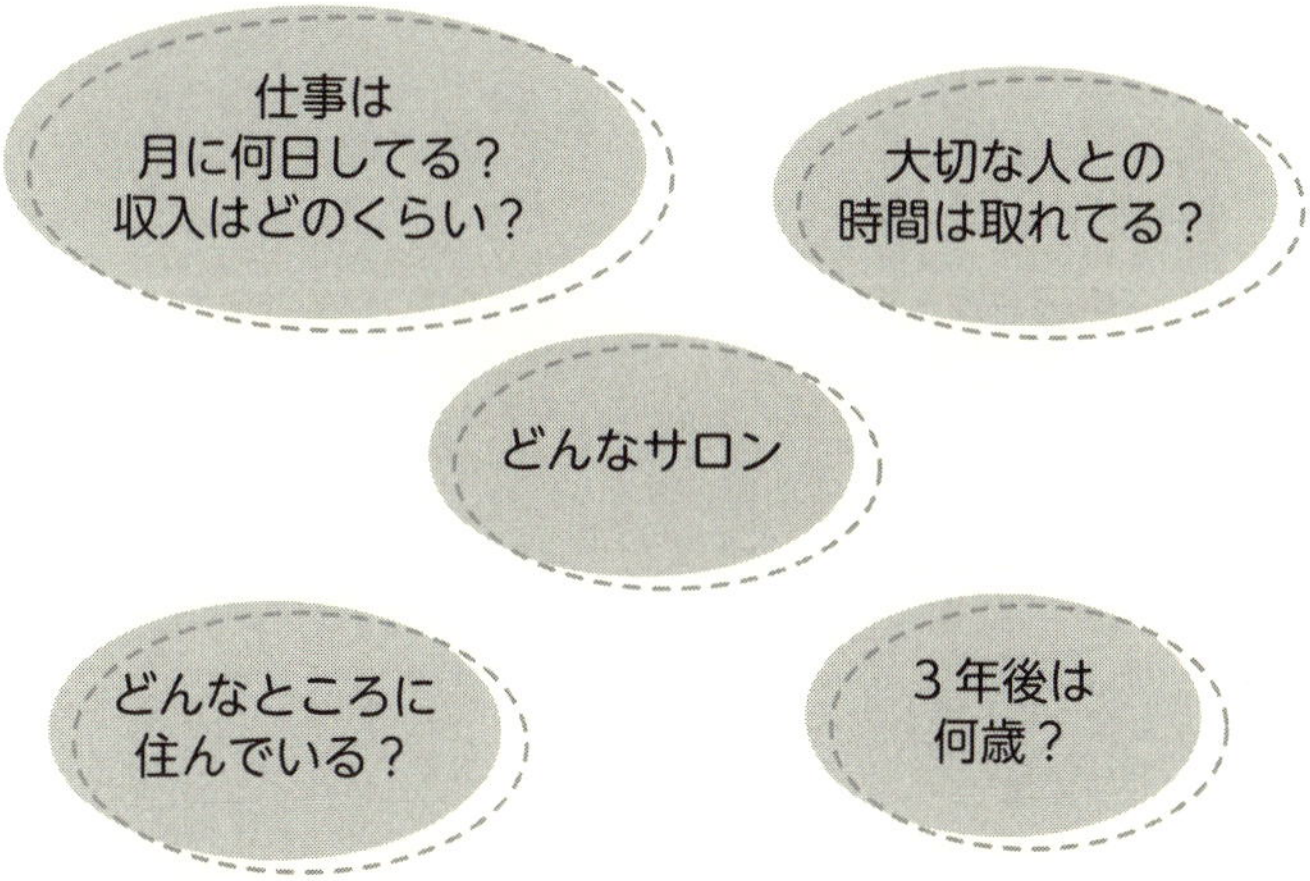
仕事は
月に何日してる？
収入はどのくらい？
大切な人との
時間は取れてる？
どんなサロン
どんなところに
住んでいる？
３年後は
何歳？

お客様の未来を一緒に語る

そして忘れてはいけないのは、「お客様の未来」もイメージすることです。あなたのお客様にどうなってほしいのかを想像することが、豊かさを拡大させるポイントです。それはセラピスト側が一方的に願うものではなく、お客様自身がどうなりたいのかを聴くことが重要です。

セラピー（カウンセリング）系のセラピストは、その点はしっかりできているはずです。施術系のセラピストは、お客様の悩みが身体のことだとすると、それに対して結果を出すことに力を注ぐと思います。エステ系のセラピストのもとに来るお客様は、ダイエットや肌改善を求められるでしょう。悩みを解消してお客様の求める結果を出すには、その悩みの裏側にある想いを知ることがとても大切です。

ダイエットを例に挙げると、痩せるために体重を落とすことが目の前の目標となります。ですが、ただ「体重を落としたい」という気持ちだけでは、食事制限や運動を続けるのはとても困難です。ダイエットの成功ポイントは、痩せてから「どうなりたいのか」という目的にフォーカスすることです。その想いに向かって取り組んだほうが結果を出しやすいのです。ですから、お客様の言葉の裏側にある「想い」を引き出すことは、セラピスト（エステティシャン）の重要な仕事でもあるのです。

隠れている潜在的な想いをお客様自身にも知ってもらい、そのために自分が役に立てることを提案します。目の前にある悩みや問題を解決していくことに集中しながら、未来はどうなりたいのかという話も必ずしていきましょう。

お客様が夢を叶え理想を実現させたときの喜びは、自分のこと以上の感動が味わえ、セラピストがやりがいを感じる瞬間です。そうした一緒に喜

● 痩せたい（減量したい）の裏側の想い

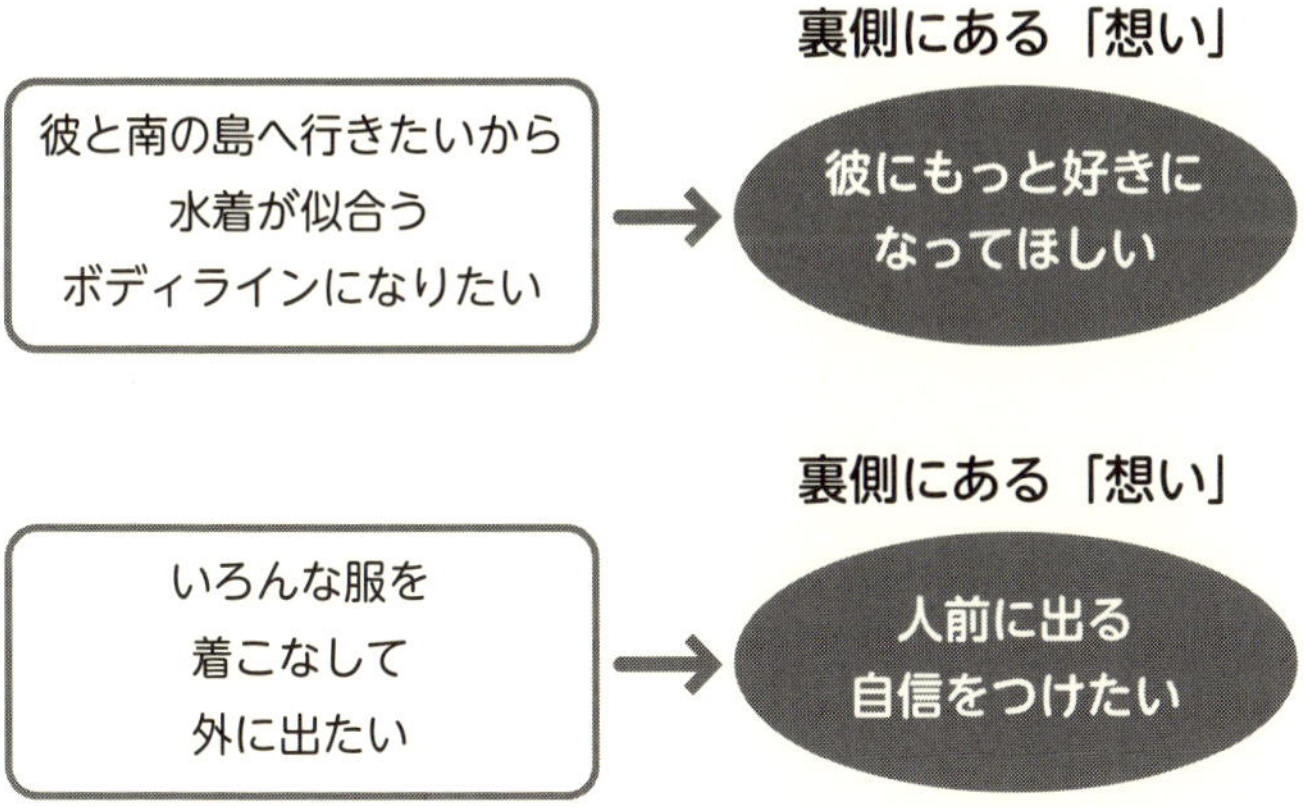
裏側にある「想い」
彼と南の島へ行きたいから
水着が似合う
ボディラインになりたい
彼にもっと好きに
なってほしい
裏側にある「想い」
いろんな服を
着こなして
外に出たい
人前に出る
自信をつけたい

び合える関係性やつながりは、セラピストの仕事にはとても大切です。そして、喜びを共有した時間というのは、お客様の心にもずっと残るでしょう。

相思相愛で仕事するのがセラピスト

さらに、お客様と未来を語ることの良い点は他にもあります。それは、相思相愛の関係になれるということです。

セラピストとお客様は依存関係ではなく、お互いが成長できる関係性にあることが大切です。お客様が思い描いている未来のイメージを共有し、一緒に目の前の問題解決に取り組むことは、「相思相愛」の関係を育んでいきます。お客様にとって、自分に合うセラピストが見つかれば必ず豊かさにつながります。そしてセラピストは、自分を必要とする人を輝かすことができた喜びが自信となり、自らも輝き出すのです。

たくさんの新しいお客様との出会いを求めるよりも、どれだけ相思相愛のお客様をつくれるのかが、長く選ばれ続けるセラピストになるためにとても重要なのです。

Chapter 2

あなたに合った
セラピストスタイルを
見つける

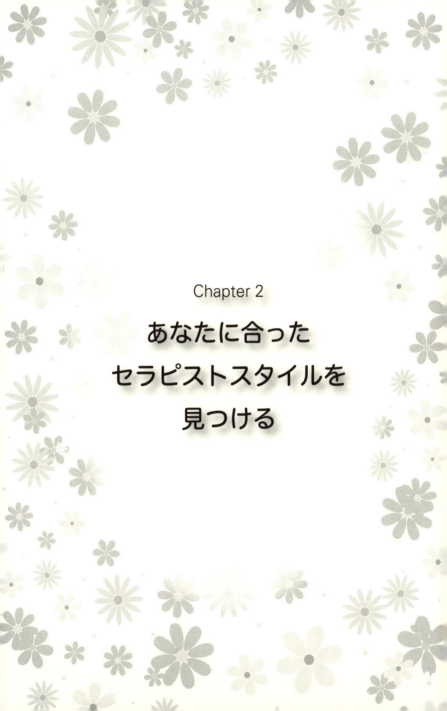

01

うまくいかないのは自分の役割を知らないから

想いと行動を一致させる

セラピストになるまでに、多くの方が次の3つのステップを踏んできているのではないでしょうか。

①自分が受けたセラピーや施術を気に入って
②身近な人に無償もしくは安価でやってみて
③本格的に「仕事をする」

この3ステップを歩んできたセラピストは、「仕事にする」というのが最終目標になっています。ですから、売上が伸び悩んだり行き詰まると、施術やセラピーを気に入ってもらおうと必死になってしまいます。

そのような状況になると、日々の業務をこなすことに追われ、「なぜセラピストになりたいと思ったか」という本来の想いをいつの間にか忘れてしまいます。

大切なのは、メニューやサービスの内容以前に「どんな想いでやっているのか」なのです。その想いがなければ、施術やセラピーはただの「作業」です。「あなただからお願いしたい」というお客様は離れてしまいます。リピートされることがなくなると、セラピストとして継続していく事はとても困難です。

どんなセラピストのビジネススタイルにしても、選ばれ続けるにはセラピストの想いを明確にすることは必須です。

最初にセラピストの仕事をしようと思ったとき、そのサービスを提供しようと決めたときには、熱い想いがあったのではないでしょうか。その最初の想いを今一度、ここで確認してみましょう。

ここで、今現在あなたがやっているセラピストの仕事とあなたの想いにズレがないかチェックしてみましょう。必要な人のお役に立てているでしょうか？

下記の１～３の質問に対して、より明確で具体的な答えを書いてください。

１．あなたはなぜセラピスト業界の仕事をしているのですか？

２．そのサービスはどんな人のお役に立てますか？

３．あなたでなければダメな理由は何ですか？

自信をもって「Ｙｅｓ！」と答えられた方は、きっと今の仕事はうまくいっているはずです。「Ｎｏ」という方は、想いと現実にやっていることのどこが違うのか、もう一度見直す必要があります。じっくりと自分の心に問いかけましょう。想いと行動をしっかり一致させることができれば、自然とお客様はついてきます。「Ｙｅｓ」と答えたがうまくいっていないと感じている人は、後ほどお話しするセラピストの特性がビジネス面でマイナスに働いている可能性が高いので、もう少し自分自身を優先させた働き方に変えてみましょう。

視点を変えてステップアップ

この３つの質問の答えは、経験とともに変化します。次ページには私の例を載せてあります。おかげさまで私は今、お客様にもスタッフにも恵まれて今年で7年目に入りましたが、最初は試行錯誤の連続でした。充分な運転資金も持たないまま勢いでテナントサロンをオープンしたので、施術でいただいた代金もすぐに支払いで消えてしまう日々。お金にとらわれすぎているとお金に困るということも身をもって知りました。

それでも、気に入ってくださるお客様が増えるにつれ、どうしたらお客様がもっと喜んでくれるか、リピートしたくなるかを考え、私なりのサロン成功の仕組みを編み出し、安定した経営が

◎独立したとき

1．あなたはなぜセラピスト業界の仕事をしているのですか？

エステサロン勤務時代に結果を求める以外に、癒しを求めるお客様が急速に増え続けた。そして、美容専門学校の講師時代、学生が就職するにはメンタル面のケアが必須になっていた。その経験から、身体のケアとともに心のケアができるサロンが必要だと考えた。そこで、どこにもないオリジナル施術でサロンを開業した。

2．そのサービスはどんな人のお役に立てますか？

自信がもてずに、本来の素敵なところが表に出ていない人。心と身体の両面のケアを必要とする人。

3．あなたでなければダメな理由は何ですか？

実際に数多くのお客様と接し、誰かの役に立ちたいという人材を育てきた経験があるから。その人の裏側（奥）に眠っている特性を引き出すことが得意で、抱えている不安や悩みをプラスに転換できる。オリジナル施術を生み出すことができる。

できるようになりました。

しかし、安定はしたものの、まだ不完全燃焼のような心持ちで、ずっと「自分の使命は何なのか」と心に問いかけていました。

当時、私のサロンにはエステティシャンやセラピストといった、いわゆる同業者の方が多く来店していて、こんな相談をよく受けていました。

- どうしたらテナントサロンが持てるんですか？
- どうしたらスタッフが長く続くんですか？
- どうしたら良い粧材を見つけることができるのですか？
- どうやってこの施術をつくったのですか？
- この施術は県外でも受けられますか？
- 安定した売上を上げるポイントは？

心や身体の相談ではなく、サロンの運営法や開業ノウハウ、施術法を教えてほしいという内容

◎現在

1．あなたはなぜセラピスト業界の仕事をしているのですか？

心や身体のケアの大切さを知っているセラピスト（エステティシャン）の仕事がうまくいくお手伝いをする。安定したセラピストが増えれば、癒される人が増えるから。

2．そのサービスはどんな人のお役に立てますか？

独立したセラピスト（エステティシャン）・サロンオーナーでうまくいっていない人。安定した経営を望む人。ステップアップしたい人。

3．あなたでなければダメな理由は何ですか？

実際に自分がうまくいっていないときの苦しみ、困ったことや精神的なつらさを身をもって実感しており、その状況から脱出できた経験によりできたノウハウをお伝えできるから。

ばかりでした。そして何人もの方にお答えしているうちに、新たな想いが芽生えてきたのです。

現在は右図のような内容に変化しています。ただし最初の想いが消えたわけではなく、仕事の状況によって優先する内容が変わるのです。この視点が加わったことで私の仕事は開花し、後ほど紹介する3つのセラピスト軸をつくり上げることができました。

役割を知ることが大切

求められる役割を果たすうちに、自然と収入が増えました。お申し込みも絶え間なく入ってきます。人から求められる役割と、自分の中にある想いが一致したので収入につながったのです。


頑張りどころを間違えずに、自分が必要とされるべきところで力を発揮してほしい。そんな想いを込めて、3つのセラピスト軸について書くことを決めました。

あなたに求められている役割はまだ眠っているかもしれません。自分でも気づいていないあなたの役割を見つけてセラピストとしての自分の働き方をこの機会に見直してみましょう。

02

セラピストとしての自分の才能を知ることが成功への近道

セラピストの仕事も役割分担できる

多くの方に「癒しを広めたい」という想いがあったとすれば、自分が施術やセラピーをする以外で、その想いを叶えることはできないでしょうか？

施術やセラピーができる人を育成したり、新しいメソッドをつくり出してすでに活動している方のお手伝いをすることも、セラピストの存在意義の提唱と癒しの大切さを広めることになります。あなたの想いに共感し、同じように活動する人が増えれば増えるほど、「癒しを広めたい」という願いが叶うスピードは加速していきます。一人だけで行うより、はるかに多くの人に癒しを提供できるのです。

例えば一般的な企業では、組織の中でそれぞれの役割が分担されています。営業、経理、開発など、やるべきことが明確になるよう部署が分かれており、部長、課長といった役職でも分けられています。目標に向けて適材適所で役割が与えられると格段に効率も良くなり、それぞれの仕事のパフォーマンスが上がります。そして、会社全体の業績につながるのです。
また、スポーツの世界でも役割分担が見えてきます。大会などが開催されるときには、出場する選手の頑張りはもちろんのこと、その選手を輝かせる指導者が必ずいますし、環境をつくる運営者などの表には出てこない多くの人の力があるからこそ成り立っていることは誰もが知っていると思います。そして見ている私たちの目に映る選手の姿を通して、大きな感動や勇気を与えてくれているのです。

では、セラピストの仕事に置き換えてみるとどうでしょうか。基本的に組織に属さない個人での活動が多いセラピストは、役割を分けるのは一見難しいようにみえますよね。普段の仕事で、誰かと協力したり助け合っている実感はないかもしれません。しかし、個人単位ではなく業界全体で見てみると、実はさまざまな役割があり、個人のセラピストとの関わりがあることがわかります。

セラピスト業界は大きく3つの役割に分けることができます。

①施術やセラピーといったお客様に対してサービスを提供する人。
②講座や技術の指導、セラピストのメニューを増やす講座を開講し、サロンの運営法などを提案をするセラピストを育成する講師。
③価値観を広めたり、システムの構築など新しいことを創造してセラピスト業界の発展させる活動をする人。

ここで間違ってほしくないのは、どの役割が優れているということではありません。それぞれの役割すべてが大事で、必要不可欠な存在なのです。大切なのは、自分がどの役割であればもっている力を無理なく発揮できるのかということです。必要とされ続ける存在になると、自分自身の心がやりがいや喜びを感じるだけでなく、経済的な豊かさも得られます。そうなれば、安定したお仕事が続けられ広く社会貢献ができるのです。

心のケアや癒しの必要性を感じ、セラピストを目指す人は年々増えています。しかし、さまざまな資格を取得しても実際にはうまく活かせず、仕事として継続できない方がとても多いのが現状です。その結果、セラピストがまだ足りない状態になっています。

セラピストの存在を安定させるためには、実際に施術やセラピーをする人だけが頑張っていても難しいです。必要なのは、技術や人材を育てる人、そして存在を広めるための仕掛けができる人との連携です。これらの人々が協力し合うことで、セラピスト不足が解消されるのではないかと考えます。ですから、個人ではなく同じ想いをもった業界単位で見て、自分が力を発揮できるポジションで役割を果たすことも癒しの輪を広げることになるのです。

心も生活も豊かになるセラピストスタイル

セラピストが仕事を長く続けていくために絶対に必要なのは、仕事の業績における「成功」と、人生において豊かさを得る「成幸」の両方を手にすることです。業績だけを追い求めるのであれば、数字をつくるのは簡単です。ストイックに時間も体力も仕事に捧げれば、数字は必然的に上がります。仕組み化をして大きな収入を得ることも可能です。ただ、そのストイックな状態というのはセラピストには不向きで、長く続きません。たとえ収入が一時的に上がっても、家族や大切な人と過ごす時間がなくなったり、旅行や趣味など自分のプライベートな時間がない働き方だと、ほとんどのセラピストは苦しくなります。セラピストの心の状態は、お客様にダイレクトに影響します。不安定な心の状態で施術やセラピーを行えば、お客様はセラピストからマイナスエネルギーを受けて癒されません。

また逆に、やりがいや喜びをどれだけ感じていても、売上がなければ仕事としては成り立たず、経済面での不安がプライベートな時間に影響します。成功と成幸はどちらも必要で、双方のバランスが取れる働き方をすることが大事なのです。


このバランスを保つために意識してほしいのが、時間の使い方です。限りある時間の中で、あらゆる役割を自分一人でこなそうとすると、どうしても仕事とプライベートのどちらかに負担がかかります。豊かさを拡大させている人の特徴のひとつは、「自分の時間をつくれる人」です。自ら時間を生み出すことができれば、自分が望むライフスタイルを叶え、経済的な自立も可能です。それを実現させるには、自分の役割を知り、不必要な仕事は手放していくことです。つまり、役割に合った働き方にシフトすることこそ、必要な時間を生み出す最大の方法なのです。

そして、成功と成幸の両方を手にする働き方を意識していれば、結果的に多くの悩みを抱える人のお手伝いができ、あなたは必要とされ続けるセラピストとして確立されていきます。

あなたの中に眠る才能を呼び覚まそう

自分の役割を見つける一番簡単な方法は、自分の中にもともとある才能を探すことです。才能というと少しハードルが高いように聞こえますが、無理なく自然に、普段から当たり前のようにできている気質のことを指します。

自分では大したことではないと思っていても、周りの人にとっては特別なことだったりします。ただそれに気がついていないだけで、誰でも人が羨む才能をもっています。

例えば、人の話をしっかり聴くことができる人。これは立派な才能です。セラピストは人の話を聴くのが仕事なのだから当たり前だと思うかもしれません。しかし、人の話を聴くのは意外と難しいのです。相手が話している途中で自分の意見を発して話を遮ったり、相手の話を奪ってしまう人もいます。さらには、自分の思いに共感するよう誘導ともいえる問いかけをして、自分の都合のよいペースで話の主導権をにぎる人もいるのです。

多くの人は、潜在的に自分の話を聞いてほしいと思っています。特に女性はその傾向が強いです。ストレスを抱えていたり心が疲れている方はなおさらです。アドバイスは求めていません。

ただただ聞いてほしいのです。そんなときにしっかり話を聴いてくれる人は、それだけで特別な存在になります。

物事をわかりやすく伝えることができるのも才能です。自分の頭では理解していて実行できることでも、人にはうまく説明できない人もいます。技術はあっても、それを人に教えるのが苦手な人はたくさんいます。逆に、それほど技術が優れているわけでもないけれど、教えるのは上手な人もいます。何かを学びたいと思っている人は、わりやすく伝えてくれる人から教わりたいですよね。

自分の思いを素直に口に出せるのも才能です。相手にとって必要だと思っていても、実際には言えない人は少なくありません。相手にどう思われるか心配になったり、気を遣いすぎる向きがある人は、口が重たいものです。ですが、思ったことを表現できる人のところには、共感して応援や協力を申し出る人が集まりやすいので、広い分野での仕事の可能性が高まります。

普段の行動や言動の中に現れるあなたの気質こそが才能で、その才能を活かすことで無理なく長く仕事を続けることができるのです。

03

成功を叶える3つのセラピスト軸

軸を決めることがうまくいく鍵

セラピストの仕事がうまくいくためには、自分がもっている才能を活かせる働き方を知って、収入の柱になる仕事内容を決めることです。この柱となるものを「仕事軸」と呼んでいます。仕事の「軸」を決めることには次のようなメリットがあります。

- ブレない、迷わない
- やるべきことが明確になる
- 何に力を注げばよいかわかる
- 信頼が得られる
- 無理なく収入が上がる
- 必要な時間が確保できる

● 不要なものがわかる
● ムダな投資をしなくなる

私は「セラピストプロデュース」という、独立したセラピストやサロンオーナー、起業家などのお手伝いをしています。その中で最も時間をかけ、何より大事にしているのは、「軸」に合わせた働き方を決めることです。

軸合わせは、セラピストの仕事をしていく上での基礎となります。どんなに頑張っていても、軸が間違っていればうまくいかないといっても過言ではありません。仮に一時的にうまくいったとしても、頑張りどころが違うので長くは続かないのです。

継続して安定的な仕事をするためには、基礎となる自分の仕事軸をぜひ知っておきましょう。

セラピストが輝く3つの軸（タイプ）

自分の才能を活かしたセラピストの働き方は、大きく次の３つの軸（タイプ）に分けられます。

①サポート軸・セラピーを生業にするタイプ　・応援役気質（寄り添い助ける存在）
②アシスタント軸・教えるを生業にするタイプ・補助役気質（足りないところを補う存在）
③ガイド軸・新しい提案を生業にするタイプ　・案内役気質（知識や情報を伝える存在）

この3つの軸（タイプ）は、どれが優れているとかではなく、上も下もありません。それぞれの果たす「役割」が違うだけです。

1〜3の軸がどんな役割かについては、後ほど詳しく紹介していきます。ここではまず、あなたがどの軸（タイプ）のセラピストなのかを、次のチェックシートを使って見ていきましょう。

あなたはどの軸（タイプ）？

一番点数の高いカテゴリーが、あなたが仕事していく上での中心の軸となります。

- Aの点数が一番高い→サポート軸・セラピーを生業にするタイプ
- Bの点数が一番高い→アシスタント軸・指導を生業にするタイプ
- Cの点数が一番高い→ガイド軸・新しい提案を生業にするタイプ

(C)
5・3・1　自分で考え生み出すのが好きだ
5・3・1　経済を生み出すのが得意だ
5・3・1　癒し情報を見つけるのが得意だ
5・3・1　物事を客観的に見る
　　　　（客観的…誰が見てももっともだと思われるような立場）
5・3・1　問題解決するツールを提供できる
5・3・1　未来を語るのが得意
5・3・1　俯瞰するのが好き、または得意

A～Cのカテゴリー別にそれぞれ合計点を出してください。

A→　　　点
B→　　　点
C→　　　点

● 自分の軸（タイプ）をチェックしてみよう

次のＡ～Ｃの各設問を読んで、当てはまると思うものに対して自己採点してください。
3段階で点数をつけ、数字に○をつけます。

(A)
5・3・1　人と関わるのが好きだ
5・3・1　幸せな気分をつくるのが得意だ
5・3・1　癒されるのが好きだ
5・3・1　物事を清算的に見る
（清算…貸し借りを整理・差引きして跡始末をつけること）
5・3・1　問題解決の方法を提案できる
5・3・1　過去を語ることが得意
5・3・1　自分のことを知ることが好き、または得意

(B)
5・3・1　新しい勉強するのが好きだ
5・3・1　リスクを回避するのが得意だ
5・3・1　癒すのが得意だ
5・3・1　物事を平等に見る
（平等…差別がなく、みな一様に等しいこと）
5・3・1　問題解決の方法があっても提案しない
5・3・1　今を語るのが得意
5・3・1　他人を知るのが好き、または得意

また、各合計点数が25点未満の場合は、その軸の傾向があっても、今現在技術や能力が足りていないといえます。可能性が高い分野の技術や能力を高める勉強をしていきましょう。

同じ点数があった場合には、過去にどんなことをよく相談されたか思い返してみてください。仕事以外のプライベートで受けた相談も含めます。

恋愛・人間関係・職場の悩みが多い場合はサポート軸、自己成長・ビジネス・お金の悩みが多い場合はアシスタント軸、生き方・将来の悩みが多い場合はガイド軸の要素が強いです。

さらに、この仕事軸（タイプ）は、あなたの本来の性質を引き出す潜在意識からチェックすることも大切です。なぜなら、このチェックシートは過去の経験や環境の棚卸しがしっかりとされると変化していくからです。ですので、あなたがアシスタント軸（指導を生業にするタイプ）だと感じるセラピストに相談しながら一緒にチェックすることをお勧めします。

04

成功するには軸を活用する

軸=収入の「柱」

先ほどのチェックシートはいかがでしょうか？　採点してみて「ピッタリだった！」と思う方もいれば「意外だった！」と感じた方もいるかも知れません。今されている仕事がまさに軸とピッタリだったという人もいれば、全然違う軸の働き方をしているセラピストも多いと思います。

「軸」に合わせた働き方は、収入の「柱」となります。自分の仕事軸で活動すると、確実に収入が上がります。しかも無理をすることなく、あなたらしさのままでそれが叶うのです。この「軸に合わせた働き方」は、「自分の役割を最大限に活かす働き方」と言い換えられます。

セラピスト的な「生き方」は誰もが自由にできますが、「仕事」にすると決めたのであれば、自分ではなく相手（お客様）が豊かにならなければ仕事にする意味がありません。自分の役割を知り、その役割を果たすことでしか必要とされる存在にはなれないのです。

軸のシフトはステップアップではない

アシスタント軸やガイド軸の人は、基本的に癒しの方法（セラピーや施術）を知っていることが前提になります。

アシスタント軸であれば、経験がなければ教えることはできませんし、基本を知らないと教えようがありません。ガイド軸の場合には、癒しの業界を知らなければ問題点もわからず、新しいことも生み出せません。ですから、まずはサポート軸の役割を経験してから仕事軸をシフトしましょう。すでにセラピストの仕事をされている方は、軸に合わせた働き方にシフトするための具体的な計画を立てていきましょう。

シフトするといわれて、1サポート軸↓2アシスタント軸↓3ガイド軸と、1つの軸を習得したら次の軸へステップと捉えてしまうかもしれませんが、そうではありません。ここで勘違いしてしまうから苦しくなるのです。

よくある間違いは、こんなふうに考えることです。

施術やセラピーをしていても思うように集客できず予約もガラガラ。
↓売上もなく困った結果、それを補うためにスクールを始める。

これでは、お客様が来るはずがありません。お客様のことはまったく考えず、自分の利益だけを考えているからです。本書を読んでいるみなさんには驚くような内容かもしれませんが、実際にこのように考える人が意外と多いのです。

私は1↓2↓3がステップアップとは考えていませんし、収入も1↓2↓3と上がっていくわけではありません。この例のようにサポート軸のセラピストがアシスタント軸の仕事を始めると、うまくいくどころかかえって落ち込みます。たとえ受講生が来たとしても、育成や指導に時間がかかったり、成長させるのは難しいでしょう。新たな悩みに時間もエネルギーも消費されます。このサポート軸のセラピストは、軸をシフトするのではなく、今やっている軸の中でレベルアップを図ることが成功するポイントなのです。目の前にいるお客様に喜んでいただけるサービスの内容を充実させせたり、セラピストとしての自分の価値を上げることを考えたほうがはるかに成長でき、収入にもつながります。

05

好きなことをするにはバランスが大切

軸以外の活動は「仕事」の感覚を外す

もし今やっていることとチェックシートでの結果の仕事軸が違っていても、すぐに働き方を変えるのは難しい人もいるでしょう。決して、今やっていることを完全にやめないといけないといっているのではありません。特にセラピストは「好き」でやっていることのほうが多く、好きなことは続けてほしいのです。

矛盾しているように聞こえるかもしれませんが、私がお伝えしたいのは、軸以外での好きなことは仕事という意識では行わない、ということです。収入を得るための仕事は、自分の軸に沿った役割を果たしましょう。それ以外の仕事で、どうしても好きでやりたいことがある場合は、それによる収入を求めないことです。

ちなみに私は「ガイド軸（新しい提案が生業）」が中心軸で、講師の育成やセラピストプロデュースを仕事にしています。ですが、エステティシャンとして美容の施術をしたり、癒しを提供するためのアロマトリートメントの「サポート軸（セラピーが生業）」の活動もしています。

経営しているエステサロンでは、今でもたびたび施術を行っています。現在まで5000名を超えるお客様の施術をしてきたので、やはり施術が大好きなのです。身体を触るのは飽きないですし、変化を見るのはとても楽しいです。大切な人に満足いくまで施術を味わってほしいと思っています。私にとって施術をすることは、もはやライフワークとなっています。ただ、それは仕事というより「趣味」の感覚です。

私のお客様の中には熱狂的なファンになってくれる方も多く、かれこれ10年以上のお付き合いになる方も大勢います。「藤井先生の施術を受けると、他では受けれません」という嬉しい言葉をいただいたり、「もっと金額上げてもよいのでは？」と施術や私のセラピストとしての価値を高めるアドバイスをしてくださる方もいます。そんなお客様がいる限り、施術者を続けるでしょう。

仕事軸をシフトすれば好きなことも続けられる

私が好きなときに大切な人に好きな施術をできるのは、仕事は「ガイド軸」を中心に考えてタイムマネジメントしているからです。

仕事軸をまったく考えていなかったころはなかなかうまくいかず、毎日頭を抱えて悩んでいる時期もありました。当時は施術（サポート軸）を仕事にしていたのですが、施術をこなしながら売上が頭をよぎることも多々ありました。そんな自分が嫌いにさえなっていたのです。当時の私は施術者以外の方法は考えられず、思いつくアイディアは１００％サポート軸の中でできることばかりでした。朝から夜遅くまで休みも取らずに働くことに何の疑問も感じず、施術の予約が入ることばかりを意識していました。

しかし、予約が真っ黒に埋まる状態になっても、忙しいわりには手元に残るお金はそれほどでもなく、理想とは違う現実に、身も心もとても豊かとはいえない状況でした。その後、自分がガイド軸の役割が仕事軸になることを知り、中心となる仕事内容を変えると、心にも時間にも余裕ができ、仕事の時間を減らしても収入は上がっていたのです。軸に合わせた働き方をするだけで、仕事も生活もうまくまわり出します。

好きなことをするには、自分の喜びや満足感を得る「志事」と、収入を得るための軸となる「仕事」をしっかり認識しておくことです。仕事軸を中心にしていけば、タイムマネジメントは自分の思うがままにコントロールできるのです。そうすると、自分の望むライフスタイルに合わせて、心も生活も満ち足りたバランスの良い状態で毎日を過ごせます。

06

自分の役割を最大限に活かす

豊かさを手にするために

自分の役割を最大限に発揮するためには、いくつか気をつけておくことがあります。それは、自分とって不要な仕事は手放し、必要なことのみに集中することです。そうすることで「時間」をつくることができます。豊かさを手にしているセラピストは、必ずといっていいほど時間の使い方が上手です。

誰しも、与えられた時間は1日24時間と決まっています。その時間をどう使うのかを考えるのはとても大切です。セラピストは自分自身の心や時間に余裕がなくなると、仕事がうまくいきません。そうなると必然的に収入も減少していきますからね。

よくＴｉｍｅ ｉｓ ｍｏｎｅｙ（時は金なり）といいますが、私はＴｉｍｅ ｉｓ ｌｉｆｅ（時は命なり）と思っています。ですから、お客様と過ごす時間は私のＬｉｆｅ（命）をどう使うかということになります。そうなると、時間を共有するお客様との関係は、相思相愛でしかあり得ないと考えています。その時間はたっぷりの愛情をもって仕事に取り組んでいます。

そして重要なのが、自分の人生においても大切なことにもしっかり時間を使うことです。家族との時間や趣味の時間、人それぞれ大切なものがあると思います。必要なときに大切な時間を確保できるように、普段から準備しておきましょう。

● あなたの人生において大切なことは何でしょうか？
● 本当に大切なことに時間を使えていますか？

理想のライフスタイルと現状の、両方の時間の使い方を紙に書き出して確認をすることをお勧めします。大切なことの優先順位が見えてきます。

自分のケアも大切な仕事

セラピストは優しい人が多く、必要以上のことを抱えて身動きがとれなくなる傾向があります。そうならないためにも、本来の役割から逸れていないか、普段から見直す癖をつけましょう。

自分のことが後回しにならないように、自分にとっての「癒し」が何なのかを知っておくことも大切なことです。自己セラピーの習慣もつけておくとよいでしょう。

ちなみに私は、自分を癒すための場所やツールをたくさん持っています。日々、アロマヒーリングで自己セラピーを行い、大好きなお風呂に入る時間をしっかり取ります。エステやアロマトリートメント、筋肉トレーニングなど、身体のケアも大好きです。また、旅行で自然の中に身をおいたり、美術館で感性を磨いたりしています。自分の心と身体がリラックスできないとお客様にも影響するので、自分の「好き」と感じるものを常に取り入れ、疲れの解消とエネルギーの充電をし、好きなことに費やす時間を大事にしています。

また、自分の現状を客観視することも大切です。そのために、信頼できるセラピストを自分自身でも持つことをお勧めします。セラピストにもセラピストの存在は必要で、うまくいっている人ほどそのことに気がついています。何よりも大切な「自分」のケアをおろそかにしてはいけません。

自分を大切にしながらも相手を大切にする。それには役割に徹することです。

Chapter 3

サポート軸・セラピーを生業にするタイプ

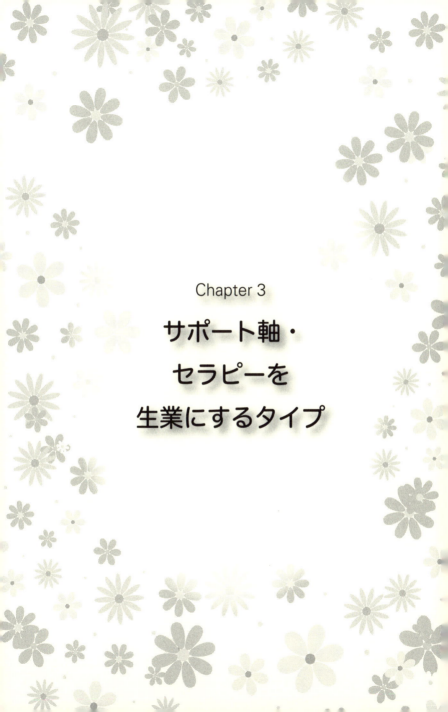

01

サポート軸の特徴

サポート軸がもっている気質

社交的で人と話すのが好きで、人との関わりを大切にします。とても親しみやすい雰囲気をもっているので、周りの人たちからプライベートな相談をされることも多いでしょう。誰かの力になれるのはサポート軸のセラピストにとって喜びになるため、困っている人には迷わず手を差し伸べることができます。また、大切だと思う人を、一時的ではなく継続して支え続けることができます。ただ、ときに自分を犠牲にしてまで相手を支えようとする傾向があり、一人で問題を抱え込むことがあります。基本的に揉め事を嫌う平和主義的な気質で、頼まれると嫌とは言えない部分をもっています。

日常の小さな幸せを見つけるのが得意で、ちょっとしたことでも喜びを感じます。常に「好きなこと」「楽しいこと」に囲まれた、自分が癒される環境にいることがサポート軸のセラピストには必要で、本来の力が最も発揮できる状態です。人の気持ちを敏感に感じ取るため、感情の浮き沈みがよくあります。周りに左右されやすいので、自分の心が落ち着く場所やゆっくりできる時間を取るよう心がけましょう。

サポート軸の得意なこと

相手のペースに合わせて話を聴き取り、無理なく相手の心の奥にある本音を引き出すのが得意です。また、どんな内容でも否定せず聴くことができるので、相手は受け入れてもらえる安心感から心を開いてくれます。

癒しの大切さを自覚しているので、どうすれば人が癒されるかを知っています。インテリアや音楽、香りなどを用いた癒しの環境づくりを得意とします。相手の感情を汲み取り、相手が嫌がることは決してしません。

そんな環境で交されるセラピストとの会話や時間は、相手に居心地の良さを感じさせます。離れてもまたすぐに会って、話を聞いてもらいたいという感情が芽生えます。そして、会うたびに信頼関係が深まっていき、自然と「絆」ができあがります。一度絆ができあがると、かけがえのない存在となり必要とされ続けるでしょう。

02

サポート軸の役割（使命）

お客様に寄り添い続けるサポーター

サポート軸のセラピストに適している仕事は、施術やセラピーの提供です。お客様の心の奥にある悩みを引き出し、抱えている問題を解消するお手伝いをすることが日常の仕事になります。サポート軸のセラピストにとって、落ち込んでいたお客様が笑顔に変わる瞬間は何よりも喜びで、働く原動力になります。

第1章でもお伝えしたように、現代社会では日常的な心のケアが必要とされています。そうした背景から、最も活躍してほしい存在です。サポート軸のセラピストが活躍する場が増えることは、多くの方の助けになるでしょう。毎日を楽しく幸せに過ごしていきたいと願う人の心強い味方であり、頼もしい応援団なのです。

癒しや結果を求める人がお客様になるので、対象者はとても広く多いです。身体の悩みを解消したいという人はもちろんですが、日常生活における人間関係や仕事の悩みやストレスを抱えた人がお客様となります。すべての人がお客様になる可能性があるといっても過言ではありません。

輝きポイントはお客様のリピート

お客様との絆が深まれば深まるほど、仕事がうまく行きます。一度来店したお客様に再度来ていただくには、一人ひとりとの時間をしっかり取り、心を開いてもらえる環境をつくることが大切です。一度にたくさんの人にサービスを提供するよりも、マンツーマンや少人数でのスタイルが理想的です。

お客様の目的や目標に向かって共に歩んでいくことは、セラピストとしての自分の存在価値を高めます。短期的な関係性よりも、長く継続した関係を保つのが理想的です。そのためには、多くの新しい出会いを求めるよりも、一度来店したお客様との絆を深めることに集中すれば、間違いなく仕事は安定していきます。

03

役割を活かすポイント

Ｎｏ・１メニューを決める

自分が実際に受けてみて、心から「良い」と思ったセラピーや施術だけをお客様に提供していきましょう。本書を読んでいるほとんどの方は、すでにセラピストをしているか、これからセラピスト業を目指している人だと思うので、何かしらの施術やセラピーを実際に受けて結果を得た経験はあるでしょう。

どのセラピストにも共通していることですが、特にサポート軸のセラピストは、自分が心から良いと感じたものでなければ人にお勧めできません。ですから、自分が受けた体験は、その後の仕事に必要な情報になります。それは、お客様に提供するメニューづくりにもつながるからです。

提供するサービスの「数」は重要ではありません。どれだけ自分がそのサービスの必要性を感じているかが肝心です。必要としているお客様にしっかり伝わる内容であれば、表立って掲げるメニューは1つだけでも仕事は成り立ちます。

実際、私の運営するエステサロンＳｉｏｎ～心穏～では、オープン当初から7年目に入った現在でも「アロマ深層筋トリートメント」というたった1つのメニューしか掲げていません。金沢駅から離れた郊外にある、ベッド2台の小さなサロンですが、このメニューだけでも毎月80名ほどのお客様から予約をいただいています。

他にも、フェイシャルやブライダル、脱毛といったメニューや、アロマヒーリングなど心のケアのメニューもありますが、これらは来店したお客様に紹介しているだけで、広告などには「アロマ深層筋トリートメント」に絞って打ち出しています。


お客様が自分にとって必要で魅力的だと感じる内容であれば、メニューが1つだけでも充分に集客はできます。同じ広告の中にあれもこれも掲載していると、何が得意なセラピストなのか、一体何が出来るサロンなのかがわからなくなるのです。自信をもってお勧めできるサービスを1つに絞ることで「専門性」が高まります。

何でもできるのは、一見強みのように見えますが、かえって中途半端な印象を与えます。

「私の得意なものはコレ！」「私のサロンといえばコレ！」というところへ、確実にお客様はやってきます。ですから、できる技術やサービスがたくさんある方は、自分の中でのＮｏ・１を決めて、その良さがどうやったら必要としているお客様に伝わるのかに集中しましょう。

他のメニューについては、プラスアルファの提案としてお客様に説明するとよいでしょう。まずは、自分が一番好きで自信をもってお勧めできるＮｏ・１の施術やセラピーを気に入っていただくことが大切です。

私がサロンメニューの中でＮｏ・１に掲げている「アロマ深層筋トリートメント」は、現在まで来店した98％のお客様が受けています。受けていないお客様はほとんどいないのです。その結果、「Ｓｉｏｎ～心穏～といえばアロマ深層筋トリートメントのお店ね！」というふうに定着しています。そして、継続してご来店されるお客様からご相談があったり、こちらが必要性を感じたときに、他のメニューを紹介しています。

選ばれるメニューづくり

自分の施術やメニューの中で、一番気に入っているものをＮｏ・１にします。サポート軸のセラピストだからこそ、自分の想いが本音で語れるものが最適です。自分が初めて受けたときの感動から資格取得に至るまでのストーリーや、なぜこのメニューを取り入れたか、どんな人に受けてほしいのかが伝わると選ばれやすくなります。
　ちなみに、自分だけのオリジナルのメニューがあったほうがよいかという質問をよく受けますが、オリジナルでなければ選ばれないということはありません。これまでに習得した施術やセラピーの中から、自分が良いと思ったものをサロンのNo・1メニューにすればよいのです。同じ地域で他のサロンが同じメニューを出していたとしても、どんなセラピストがどんな想いでやっているのかが伝われば、お客様の取り合いにはなりません。

Sion ～心穏～のメニュー一覧

○外面のケア
- アロマ深層筋トリートメント
- 美肌エイジングケア
- リジュビネーションフェイシャル
- 頭筋デトックス
- ハーブレメディ
- ブライダル

○内面のケア
- アロマヒーリング
- カードセラピー
- カラーセラピー

　その他、季節に合わせてた期間限定メニューもあります。これは継続して来店してくださるお客様を楽しませる工夫として行っています。

私の「アロマ深層筋トリートメント」は、このネーミングだけでもインパクトがあるので、詳細を知らずに来店する人も多くいます。特にアロマトリートメントや整体、リンパドレナージュなどの施術に慣れている方や、セラピストやエステティシャンといった同業者の方が、ネーミングから施術に興味をもって来店されることが多いです。このようにインパクトのあるネーミングをつけることもひとつの方法ですが、簡単には変更できないこともあると思います。

その場合は、メニューとともに、サブタイトルやキャッチコピーとして自分の想いを掲載しましょう。「どんな方が、どうなるのか」をわかりやすくまとめ上げることが、来てほしいお客様に選ばれるポイントです。そうすることで、たとえ近くに同じ施術をしているサロンがあっても、まったく違う印象になります。

価値を上げる

自分が自信をもってお勧めできるNo・1メニューは、価格を下げる必要はありません。

サポート軸のセラピストは、優しい気質ゆえにお客様の懐ぐあいまでも気にする傾向がありま す。これはお客様に対して失礼な話ですし、価格を下げることは自分やサービスの価値をも下げることもなります。

また、安易に価格を下げてしまうと、多忙なわりに手元にお金が残らないという事態になります。さらに、価格が安いというだけで選ばれるセラピストは、お客様と相思相愛の関係は築けないでしょう。

そもそも、サポート軸のセラピストが長く選ばれ続ける理由は、価格ではありません。相思相愛のお客様というのは、あなたのファンなのです。お客様もあなたを応援することが喜びになっています。ですから、あなたが無理をしている姿を見ると、お客様も心苦しくなります。お互いが満足して喜び合うためにも、正当な価格での提供は必須なのです。

04

サポート軸の仕事スタイル

お客様に施術やセラピーを提供していくには、次のような働き方があります。

サロンを開業する

特定の場所に自分のサロンを構えて、お客様をお迎えするスタイルです。セラピストサロンは、多額な資金をかけなくても、工夫次第で自分らしい空間をつくり上げることができます。

自分の拠点を持つということは、セラピスト自身の心身が安定し、エネルギーも蓄えられます。ですから、自分が常に心地よくいられる環境にしておくことが、力を最大限に発揮できるポイントです。お客様がリラックスしてゆっくりくつろげる環境づくりはもちろん必要ですが、自分が「好き」と思うものを選ぶことが大切です。カーテンや照明などの内装や、スリッパや小物選びひとつとっても、自分らしいもので揃えるとよいでしょう。

一般的に多いのは、次の2つのサロン開業方法です。

1. テナントサロン

商業用のテナントを借りてサロンを開業するスタイルです。路面店のテナント、ビルテナント、スポーツクラブやショッピングセンターの商業施設内にある区画スペースなどがあります。テナントの場合は、看板を掲げることで地域の情報誌やフリーペーパーなどへの広告も出しやすく、認知度も上がります。初めて来店されるお客様にとっては、サロンの場所が見つけやすく訪れやすいです。

ベッドやカウンセリングスペースが複数あると、より多くのお客様に施術やセラピーを行うことができるので、スタッフの雇用も可能になります。

入居時にかかる費用は、テナントの場所や規模などによって差があります。用意した資金を確認しながら、無理のない運営ができる

● 準備するもの

- ●家賃、敷金、礼金
- ●内装工事費（壁や天井のクロス、照明、床など）
- ●運転資金
- ●看板
- ●施術やセラピーに必要なもの一式
- ●インテリア用品（家具・小物類・カーテンなど）

テナントを選びましょう。また、物件を探すときに意外と見落としがちなのが、退去時の条件です。退去する際に原状回復の工事が必要だったり、解約予告期間の規定は物件によってさまざまなので、しっかりチェックしておきましょう。仮に、退去しなくてはいけない状態になった場合、すぐに対応したくても費用や日数がかかることがあるので、事前に確認しておくことをお勧めします。

2. お家サロン

自宅やマンションの一室をサロンとして使用するスタイルです。基本的に内装工事が不要なので、セラピーや施術に必要なテーブルやソファ、施術ベッドなどの必要な家具を配置するだけでスタートできます。テナントサロンに比べて、格段に少ない資金

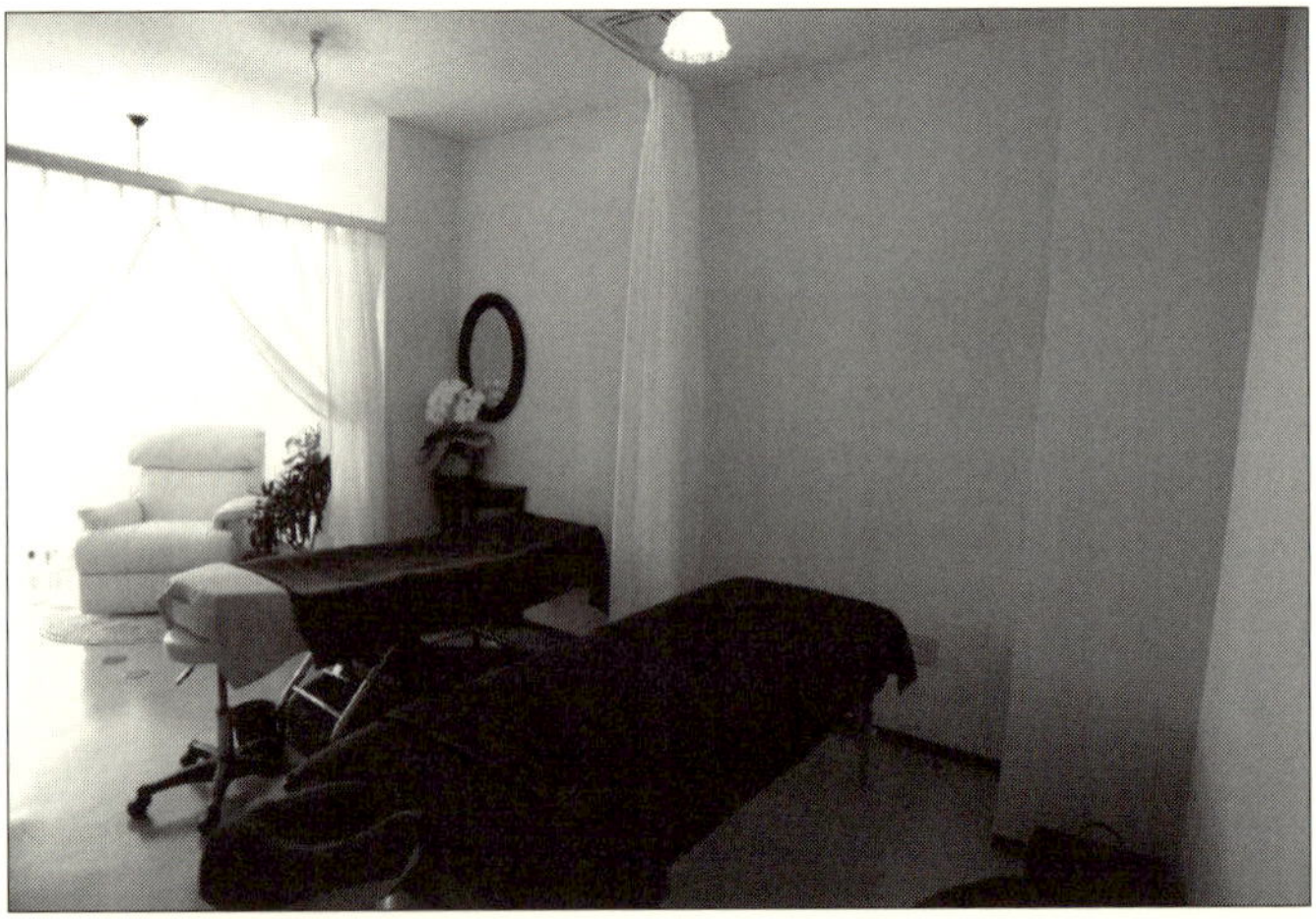

Sion ～心穏～の店内

で開業できます。

お家サロンはプライベート感が強いので、お客様との距離も近くなります。セラピスト自身の知り合いや紹介はもちろんのこと、ブログやSNSなどから新しいお客様とつながることが多いのも特徴です。詳細な住所やサロンまでの案内は、お申し込みが確定したときにお伝えしましょう。

プライベート空間とサロン空間をしっかり分けておき、お客様がゆっくりくつろげるサロンの環境づくりを心がけましょう。玄関やトイレなどの家族も使う共有スペースは、特に注意が必要です。そして、仕事時間を決めておくことも大切です。仕事時間には仕事のことだけに集中しましょう。合間に家事をするなど、プライベート時間と混同するのはお勧めしません。たとえ営業すると決めた時間にお客様の予約が入らなくても、ブログを書いたり事務作業をするなど、次のお客様につなげるための仕事の時間として有効に使いましょう。

フリースタイルでの活動

提供するサービスの内容によっては特定のサロン（場所）を持たずに、セラピストが外に出て活動することもできます。副業や週末起業としての活動や、セラピストとしてスタートしたばかりの人に多いスタイルです。

フリーセラピストの活動には、次のような働き方があります。

1．出張セラピスト

お客様の自宅に伺ったり、イベント会場で活動するスタイルです。サロンのように営業時間が決まっているわけではないので、自分のペースでスケジュールを調整することができます。

また、セラピストの派遣会社から依頼を受ける登録制の仕事もあります。この場合は自分でお客様を探す必要はありません。ほとんどの依頼はマッサージやアロマトリートメントの施術系で、温泉旅館やホテルなどの宿泊者から申し込みです。派遣を請け負っている企業は、旅館やホテルと提携している場合が多いので、お客様のお申込みは安定して入ってきます。その他、一般企業の福利厚生としてマッサージの依頼があったり、福祉施設からの要望も多くなっています。

サロンを持っているセラピストも、このスタイルを併用することが可能です。

2．シェアサロン

時間や日ごとで場所を借りて営業するスタイルです。例えば、美容室やエステサロンのスペースの一角や、カフェなど異業種の店舗での営業も可能です。また最近では、レンタルサロンとして場所の提供だけ行っている企業もあるので、必要なときに必要な時間ごとに場所を借りて営業できます。

その他、開業する際に何人かのセラピストと共同で資金を出し合い、サロンを共有して営業する方法もあります。共同経営の場合は、どれだけ仲の良い関係であっても事前にしっかりと決まりをつくり書面にしておくことで、揉め事を防ぐことができます。お互い気持ちよく仕事ができるよう、細かい部分まで想定しておくとよいでしょう。

05 サポート軸が力を入れるべきポイント

サポート軸のセラピストが成功するポイントは、サービスの内容とセラピスト自身の魅力を常に磨いておくことです。現在のメニューの内容とセラピストとしての自分について、一度棚卸しをしてみましょう。

サービスの内容を充実させる

あなたがお役に立てることを明確にし、提供するサービス内容と時間や価格を見直してみましょう。そうすることで、自分のＮｏ・１メニューも決めやすくなります。

サポート軸のセラピストは、自分やサービス内容の価値を控えめに設定する傾向があります。

しかし、サービスの内容をグレードアップして価格を上げたとしても、お客様が途切れないのが、このサポート軸のセラピストがもつ特長なのです。

○あなたは誰のどんなお役に立てますか？

○そのためにできるサービスはどのようなものでしょう？

ここで導き出されたものがあなたのサロンの売りであり、Ｎｏ・１メニューになります。また、あなたのセラピストとしての魅力でもあるのです。

まずは、今あるメニューのブラッシュアップを図りましょう。価格や時間の見直し、メニューの名前など、今あるメニューをもっと魅力的にすることはできます。

もし、今あるメニューでは足りないと感じた場合には、新しいセラピーや施術を習得してもよいでしょう。しかし、増やしすぎないように注意してください。実際に自分が受けてみて本当に良かったと実感でき、お客様の喜ぶ姿をイメージできるかどうかが、選ぶ際の重要なポイントです。「なんとなく…あったらあったで誰かの役に立つかも…」程度のものは必要ありません。「これなら○○様が必ず喜ぶ！」とお客様の顔が思い浮かぶものにしましょう。

新しいものを導入する際には、ただ増やすのではなく、現在あるメニューも含め、本当に自分が気に入っていて「これは必要だ！」と自信をもって言えるものだけに整理しておくことが大切です。

セルフコントロール能力を上げる

セラピスト自身の心と身体のコンディションを整えておくことは必須です。特にお客様と深く接することが多いサポート軸のセラピストは、お客様の感情や状態に影響を受けやすい人が多いようです。自己セラピーや信頼できるセラピストのセラピーを受けて、日々、セルフメンテナンスをしておいてください。自分の心身状態を常にチェックし、メンタル面で落ち込んだときにもすぐに解決できる方法を事前に見つけておくことをお勧めします。

どんなことで自分の感情が整うのかを日頃から気にかけて、自分の「癒しポイント」を把握しておきましょう。緑や花、水辺といった自然を感じられると、マイナスに傾いた自分の心を回復することができます。ゆったりとした気持ちになれるまで、時間をかけて過ごしましょう。

06

サポート軸が気をつけること

働く時間を決める

仕事だけでなく、プライベートな時間も合わせたライフスタイル全体が満たされていると実感できることが大切です。そのためには、自分が決めた働く時間を守りましょう。サポート軸のセラピストは特に優しい方が多いので、無理をしてお客様に合わせる傾向があります。例えば営業時間外なのに予約を受けてしまうなど、つい自分を犠牲にしてしまうところがあります。お客様と仲良くなればなるほどその傾向が強く、断れなくなるので気をつけましょう。心を満たす大切さを伝える側のあなたが無理をし続けていてはいけません。心身ともによい状態を保つことで、お客様へ最高のサービスが提供できます。

お仕事とプライベート、どちらの時間も大切であることを忘れないで下さい。成功と成幸の両方を手にすることこそ、セラピストらしい働き方なのですから。

ビジネスパートナーは他の軸のセラピスト

お客様と過ごす時間が長いサポート軸のセラピストは、他の軸のセラピストに比べると外に出る機会が必然的に少なくなります。何か問題が生じたときには、自分の頭の中で堂々巡りさせるだけで具体的な行動に移せないことも多いでしょう。

もし自分で解決できないときには、抱え込まずに誰かに相談することも必要です。ただし、セラピスト業を知らないコンサルタントなどに相談するのは、あまりお勧めしません。なぜなら、一般的なビジネスコンサルを受けると、サポート軸のセラピストはかえって苦しくなり迷路に迷い込むことが多いからです。良さそうだからといって、むやみにセミナーやお茶会などに行く必要もありません。基本的に人の話を聞くのが得意なので、自分の悩みを話すどころか、相手の悩みを解決したいという思いになってしまい自身のスムーズな問題解決につながりません。

また、一度に多くの情報を聞いてしまうと頭の中に迷いが生じます。比べる必要もない他人と自分を比較したり、ペースが乱される可能性があります。

大切な時間を費やすのであれば、しっかり前に進める話をしなくては意味がないのです。

仕事での悩みや問題解決を求める場合は、自分と違う軸のセラピストに相談しましょう。同じ軸の仲間は励まし合うことで心は軽くなりますが、仕事の成功や成長を考えるのであれば、違う軸のセラピストと関わるとスムーズに問題が解決して現実的に前に進めます。お客様への対応やサロン運営についての悩みであればアシスタント軸のセラピストに、オリジナルメニューの構築や集客の悩みであればガイド軸のセラピストに相談するとよいでしょう。

Chapter 4

アシスタント軸・教えるを生業にするタイプ

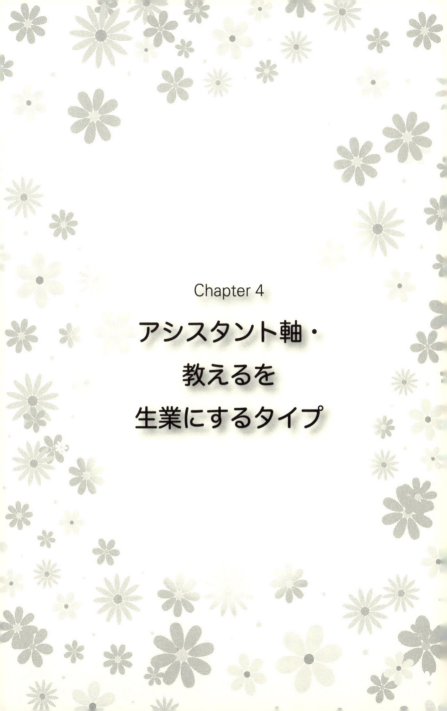

01

アシスタント軸の特徴

アシスタント軸がもっている気質

面倒見がよく義理堅い面をもっています。助けを求められると現状の問題点を導き出し、相手が行動に移せるような提案ができます。何事においても臨機応変な対応ができるので、求められれば盛り上げ役や進行役もこなします。実際に経験していないことでも、頭の中でイメージできれば演じきることができて、周りの人から頼りにされる存在です。

また、自分が好きなことに対しての探究心が強く、納得するまで掘り下げて調べていく傾向があります。知識が増えることは、アシスタント軸のセラピストにとっては深い満足感となります。そして、その知識が誰かの役に立ったときに喜びを感じるのです。

基本的に、誰かに頼らず、何でも自分自身で解決しようと試みます。しかし、考えることが多くなると、行動のスピードが落ちて仕事の処理が遅くなります。

物事の経緯よりも、結果や事実を重視するところが強く、夢や明確な目標ができると実現させせるまで人知れず努力し続けることができます。あまり感情に流されることはなく、常に冷静に物事を判断できるので、どんな環境においても気がつくといつもアドバイスを求められる立場になることが多いです。

アシスタント軸の得意なこと

分析が得意なので、現状の足りない部分や必要なポイントを見つけ出すことができます。また、それをいったん自分の頭の中で組み立てて、わかりやすい言葉に置き換えて説明することが得意です。人に対しても同様に、相手の良いところを見つけるのが早く、才能を伸ばすポイントを見出します。悩みを相談すると具体的な答えが返ってくるので、迷いがありモヤモヤしている人や、問題をスッキリ整理したい人にはとても喜ばれます。

仕事に対しては非常にプロ意識が高く、理解できない部分があれば納得するまで勉強します。アシスタント軸のセラピストが勉強したり資格を取得するときの潜在的な気持ちは、自分の武器を増やすためではありません。得た情報を活かせる人に届けることを前提に学んでいます。そのため、いざ人に聞かれたときには、必要な情報をわかりやすく伝えることができるのです。ときに厳しく、ときに優しく、相手の成長に合わせた人材育成に長けています。

02

アシスタント軸の役割（使命）

セラピストの指導者

アシスタント軸のセラピストは、自分のもっているものを誰かに提供することで力を発揮します。ですから、自分の知識や考えを日常的にアウトプットできる環境が最適です。自分の情報をきっかけに飛躍したり前に進める人が現れることが、アシスタント軸のセラピストにとって達成感を感じる瞬間で、喜びです。

お客様にサービスを提供をする「サポート軸」のセラピストを育成する仕事が、アシスタント軸のセラピストに適しています。より良い講座内容や指導法の探求は、勉強熱心なアシスタント軸にとっては苦痛ではなく、むしろ楽しみなのです。輝くセラピストを増やせば増やすほど、自分自身の成長につながり確かな実績として残ります。

また、「学び」を目的としている人はすべてお客様になります。自分自身や大切な人へのケアの方法や、介護やボランティアなどで役立つ技術や知識を習得したいと考える人もあなたのもとを訪れます。

アシスタント軸のセラピストが施術やセラピーをする際には、会話の中でお客様の学びになる情報を自然と伝えています。その施術を受けたお客様は、癒しと同時に知識や情報を与えてくれるセラピストに全幅の信頼を寄せるようになるでしょう。

輝きポイントは相手の成長

アシスタント軸のセラピストは、自分と同じことができる人を育てていく過程や、相手が結果を出すまでの指導期間に最も輝きを放ちます。

そして大切なのは、ただ決まった内容を淡々と伝えるのではなく、受講後にしっかりと実践できるような指導をすることです。一歩でも前に進めているという実感を受講生がもてているか、結果を出せているかという確認は忘れないでください。受講生によって習得スピードは異なります。カリキュラム通りに進まないことは多々あるので、講義の内容を組み立て直す臨機応変な対応ができるよう準備しておきます。

03

役割を活かすポイント

講座を開講する

アシスタント軸のセラピストは、自分のもっている技術や知識を、必要とする人に提供していきましょう。同業のセラピストや、これからセラピストを目指す人に向けてのスクールを開講してセラピストの育成を図ることや、サロンのお客様に向けたワークショップやレッスンを行うこともできます。いずれにせよ、共通するのは「学び」を提供するのがアシスタント軸の役割なのです。

協会に所属して施術やセラピーの資格を取得しているのであれば、その協会の講師やインストラクターの資格を取得しておきましょう。協会認定講師であれば、テキストや受講規約など講座に必要な一式が揃っています。自分で作成する準備物もなく、すぐに講座をスタートできます。また、受講生を紹介してくれるなど協力体制も整っています。

講座を開講しても、はたして私のところに受講者は来るのだろうか、と不安になるかもしれませんが、どんな場所であってもそれは問題ではありません。「学びたい」という気持ちは、思いもよらない行動力をもたらします。近くの地域になければ、県外でも受講しに行くという人が実際に多いのです。特に大人になってからの「学びたい」という気持ちは、学生のときより大きなパワーを秘めています。

私が開講しているスクールには、現役のセラピストはもちろん、仕事を目的としないお客様も多く受講に来られます。その目的は家族や大切な人の癒しのためで、正しい知識と技術を習得したいとおっしゃっています。お金ではなく、ただ大切な人の役に立ちたいという純粋な想いには、いつも感動させられます。家族の中にセラピストが一人いるということは、私の理想であり願いでもあるからです。

最近では、インターネット動画やＤＶＤなどで癒しの技術を提供している人もいるので、スクールに行かなくても学習することができます。しかし、動画で学んだ経験がある人から「実際に目の前でプロに教えてもらわないと不安だ」とよく言われます。特に施術の講座に関しては、実際の力加減が確認できないということもあります。対面での講座は何か不安な点があったときにもその場で確認できるので、受講生の習得スピードや吸収力は高まります。すぐに質問でき、瞬時に答えが返ってくる。そうしたコミュニケーションが取れる場は、やはり重要です。癒しの技術を学びたい人には、実際にその場で見て触れて、お互いのエネルギーを直に感じられる講座スタイルが好まれるのです。

ステップアップできる仕組み

向上心の高い人は、1つ学べばさらに成長したいと考えます。受講生のそんな気持を先に汲み取り、事前に次のステップを準備しておくことをお勧めします。

例えば、1つの施術メニューでも、初級↓中級↓上級と3段階程度に講座を分けます。一つずつ習得し結果を得た実感を持てると、受講生の自信にも繋がります。そして、何よりも大事にしたいのが基礎の部分です。基礎がなければ、どれだけ新しいものを習得してもいつか崩れていきます。

実は、現役のプロセラピストの中にも、基礎部分の不安を抱えていて悩んでいたという人が意外と多いのです。だからこそ、現役のプロセラピストほど、あらためて基礎を知りたがります。基礎と応用は分けてあるほうが確実に受講生の成長にもつながり、安心されます。

私のスクールでは、どんなに実績のあるセラピストでも、必ず初級の講座を受けないと次の講座に進めません。それは受講生を守るのと同時に、講師である自分も守っているのです。基礎をしっかり身につけておくことは、その技術の根本的なことを理解することになるので、大きな間違いやトラブルを未然に防ぐことができます。特に身体や肌に触れる技術に関しては、基礎を知らないと何か問題が出た時に、適切な対応ができません。お客様に迷惑をかけることになれば大変です。施術したセラピストはもちろん、その技術を合格と認めた講師にも責任がないとは言い切れません。

そして、自分自身の講師としての力をつけることも必要です。そのためには、基礎的な知識や技術を見直すことです。受講生からの質問は、基礎の部分がほとんどです。それに対してしっかり答えられることが講師の信頼を高め、また次の講座を受講してもらえるでしょう。

現在、私のスクールではこのような講座を提供しています。

アフターフォローを大事にする

カリキュラムを修了した受講生は、卒業してもあなたのスクールの受講生には変わりありません。受講中は講師の話を聞き取るのに精一杯で、細かな疑問や質問は意外と少ないのですが、現場に出てお客様に実践すると、聞きたいことが溢れ出てきます。そのときに、フォローできる体制を整えておくことが大切です。

わからないままにすると、せっかく習得したものを使わなくなる恐れがあります。時間もお金もかけて学んだことは、教えた講師としても活かしてほしいですよね。よく資格ジプシーになる人もいますが、それは受講者側

● スクール講座内容一覧

○Sionエステスクール
・リンパドレナージュ（基礎・応用）
・アロマトリートメント（初級・中級・上級）
・フェイシャル（基礎・応用）
・美容理論（美容皮膚科学・解剖生理学・化粧品学など）
・カウンセリング

○Dear Clanセラピストスクール
・アロマ深層筋セラピスト資格習得講座（初級・中級・上級）
・アロマヒーリング資格習得講座（初級・中級・上級）
・インストラクター講座

その他、セルフケアの方法などをお客様向けにお伝えするイベントや1Dayセミナーといった気軽に参加できる講座を開催することもあります。

の問題はもちろんありますが、フォローをしていない講師側の責任もあるのではないでしょうか。

フォローがあれば受講生も安心してお客様に提供し続けることができます。次のステップアップの際にも、他の講師を探すのではなく必ずあなたの元に訪れます。こうした信頼関係があるからこそ、次の受講にもつながるのです。

04

アシスタント軸の仕事スタイル

マンツーマンや少人数制での講座を開催したり、数十名〜数百名規模の講義など、アシスタント軸は1つのビジネススタイルに限定されません。自身が生み出したオリジナルメソッドの提供や所属する協会団体の資格取得の認定講師など、目的に合わせた講座を準備し指導します。

講座を開講するには次のようなスタイルがあります。

サロンでスクール開講

自分のサロンを構えスクールを開講するスタイルです。サポート軸のサロン開業とほとんど変わりはありません。同じようにテナントや自宅でのスクール開講が可能です。

提供する講座の内容によって準備物はさまざまです。テキストやホワイトボード、施術講座の場合はベッドも必要です。事前にシミュレーションして準備しておきましょう。一度環境を整えておけば、その後は準備に時間がかからず毎回スムーズに講座をスタートすることができます。

どんな講座内容でも、あると便利なアイテムがあります。それは、一眼レフカメラとビデオカメラやボイスレコーダーなどの講座の様子を記録できるものです。撮影する際には、事前に受講生に許可を得てくださいね。

写真をブログなどのSNSにアップすると、リアルな講座の様子が伝わります。特に一眼レフカメラは、きれいで伝わりやすい写真が撮れます。講座の様子を公開することは、これからの受講を考えている人に安心感を与えます。また、ビデオカメラやボイスレコーダーは、自分の姿を見直すのためのものです。撮影や録音をすることで、自分の講義内容を客観的に見ることができます。改善点が見つかり、より良い講座にするためのヒントが得られます。新しい気づきは講師を成長させます。

サロンのようにしっかりと拠点があり整った環境は、受講される方もストレスなく安心して通うことができます。また、講座の内容は1つに限定する必要はありません。1日講座から数ヶ月にわたる長期の講座まで、さまざまな内容を行うことが可能です。受講生に対するアフターフォローにも、サロンという環境はとても喜ばれます。サポート軸のセラピストとの連携を図りサロ

講座の様子

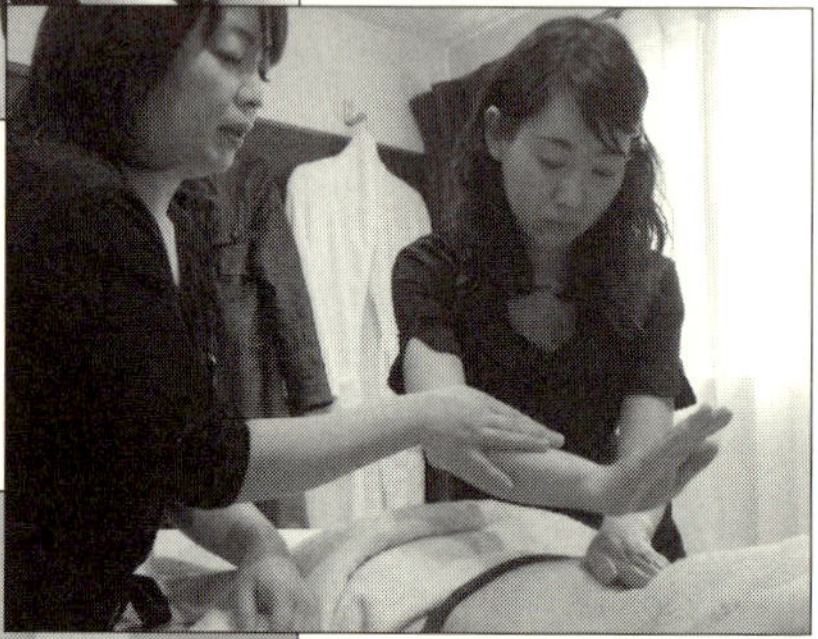

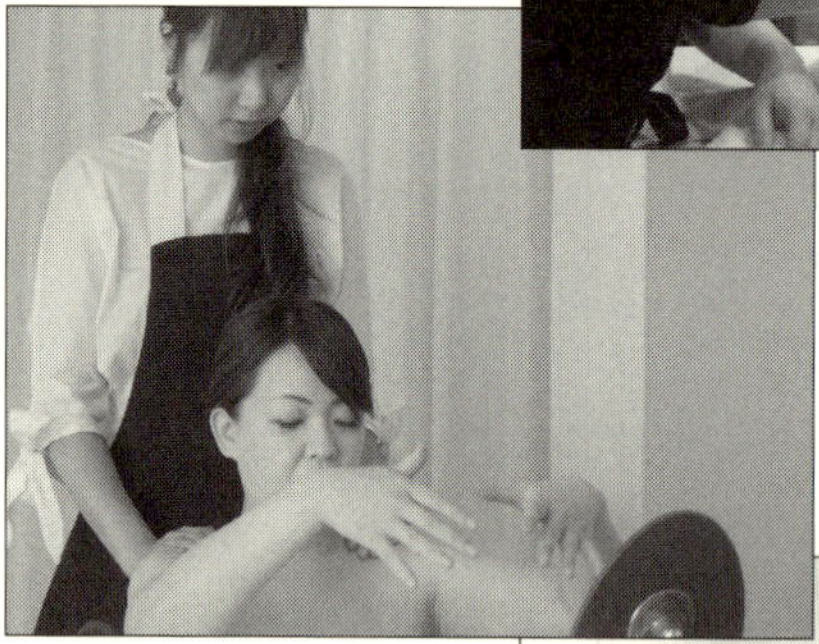

ンを活用することもできますし、卒業生の中から講師として活躍する人が出てきた際には講座開催の場所を提供できたり、一緒に働く可能性も広がるというメリットがあります。

サロンでのスクール開講以外にも、次のようなスタイルがあります。

出張講座

拠点を持たず、受講される方のサロンへ出張したり、レンタルスペースなどで講座を開催するスタイルです。最近はカフェなどでも講座やワークショップの開催ができる場所が増えています。長期的な内容よりも、1Day講座やセミナーといった短期的な内容の講座が多いです。また、地域のカルチャースクールに登録して、決められた曜日や時間に継続的に講座を開催するスタイルもあります。

協会認定講師の登録

自分が取得した資格を提供している協会に、講師として登録するスタイルです。ほとんどの協会では講師を募集しています。人気のある講座は依頼がたくさん入りますし、広めてくれる講師を必要としています。個人活動と併用して、協会登録講師の活動をしている講師もたくさんいます。その際には、協会との講師契約の内容をしっかり確認しておきましょう。

オンライン講座

パソコンやスマートフォンからインターネット上のツールを利用して学べるオンラインシステムの利用です。遠方の受講生とも画面を通して講座を行うことが可能です。講座の内容によっては良い方法だと思います。私が講座で使用するときは、無料で簡単に利用できるスカイプ、ズーム、ハングアウトといったビデオ通話です。どんなに遠くにいても学べるので、遠方の受講生にとって便利です。

あらかじめ作成した動画を教材として販売することもできるのですが、しっかり顔を見てのお伝えするには、コミュニケーションの取れる状態のシステムのほうがよいでしょう。講師側が一方的に話を進めていく動画は、プラスアルファの知識を補う目的には向いていますが、基礎をしっかり指導するなら対面のほうがお勧めです。

05

アシスタント軸が力を入れるべきポイント

専門性を高める

誰が見てもわかりやすく、自分のできることを明示しておくことが大切です。もしできることがたくさんある場合は、まずは1つの講座を「○○の専門家」といえるくらいに内容を絞ってみてましょう。専門性が高まるほど、受講を考えてる方から選ばれる確率が高くなります。

それぞれの質問に一言で答えられない場合は、自分のもっている資格や、できることをすべて書き出して整理しましょう。意外と同じような内容のものがあるはずです。異なった資格でも、解決したい目的が同じこともあります。関連するものは1つにまとめましょう。まとめるのが難しい場合は、ガイド軸（新しい提案を生業にする）のセラピストに相談しながら行うことをお勧めします。

○あなたは何の専門家ですか？

○あなたの講座を受けるとどのような結果が得られますか？

専門性を高めることで、明確な目的をもった受講生が訪れます。解決したい問題が初めからわかっていればスムーズなスタートが切れ、結果も出しやすいでしょう。そして、受講生の活躍が増えるたびにあなたの講師としての価値が上がり、講座や講演の依頼が増え続けます。

適性を見極める

受講生の技術的な面だけではなく、講座中の何気ない行動や言動から一人ひとりの得手不得手を見つけ出すことです。受講生が今後目指していることを先回りしてイメージし、リスクになりそうなことや必要になるであろう要素を事前に伝えましょう。コミュニケーションの中での助言は、受講生を成長させます。

また、セラピストの仕事を目指す受講生に関しては、受講後にどれだけお客様が増えて収入が上がるのかが重要です。アシスタント軸のセラピストが輝くポイントは、「相手の成長」です。ビジネスとしての成長も意味しているので、現実的に収入が増えていくことも当然ながら含まれます。受講された方が成功と成幸を手にするという結果を出したときが、講師の成功といえるのです。その結果が出せない限り、アシスタント軸の成幸は訪れません。

06

アシスタント軸が気をつけること

「自分が絶対」にならない

講師という立場は、ときに自らの意見に受講生を誘導してしまうことあります。その点を踏まえ、自分の言動をコントロールしながら、受講生が本心で発言できる雰囲気をつくるように心がけることが大切です。相手の話を遮ってまでも自分の意見を述べたり、勝手なジャッジをしないように気をつけましょう。当たり前だと思うことでも、自分の意見や考えがすべてではありませんし、正しいとも限りません。決して上からの発言にならないように、受講生の心にある想いや言葉にも耳を傾けることを忘れないでください。

そのためには、物事を平等に見る目や、自分の心を常にフラットな状態に保つことが大切になります。普段から冷静な判断ができるのがアシスタント軸のセラピストですが、もし自分の状態が不安定だと感じたときは、ゆっくりと頭（考える脳）を休める必要があるというサインです。

何でも自分でやろうとしない

いろんなことをこなせるので、自分がやったほうが早いと感じたり、気がついたらやっているという人が多いようです。しかしそれでは、目の前のことをこなすのに忙しく、大切な講座の準備をする時間が充分に取れません。それは、あなただけに影響するのではないのです。あなたがやってしまうことで、周りの人の仕事やできることを奪っている可能性があります。もっと周りの人の力を信頼し、相手に委ねる気持ちをもちましょう。

今回、アシスタント軸が仕事軸になった方の中には、今現在はセラピーや施術をお客様に提供している人が多いと思いますが、施術やセラピーの仕事は「サポート軸」のセラピストに任せましょう。あなたが本当に必要とされる役割は他にあります。うまくいく秘訣は、自分の「仕事軸を中心にすること」なのですから。

Chapter 5

ガイド軸・新しい提案を生業にするタイプ

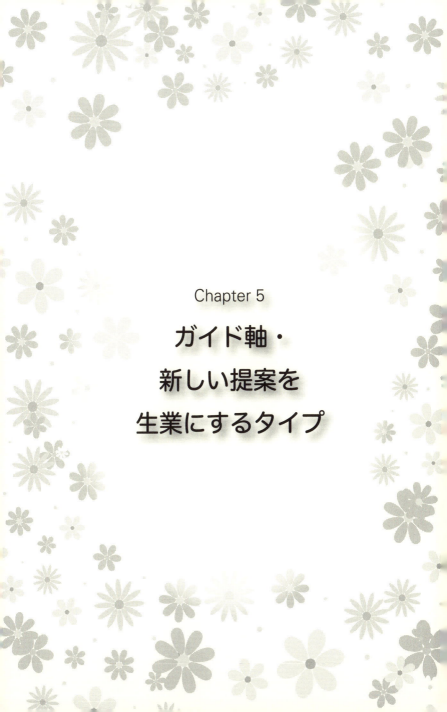

01

ガイド軸の特徴

ガイド軸がもっている気質

自由に生きることが好きで、枠にはまるのを好みません。常に新しい情報を集めるのが好きで、自ら積極的に調べたり聞いたりします。得た情報をヒントに自ら新しいアイディアを生み出し、誰かの役に立つ「カタチ」をつくり上げることが楽しみになります。

ガイド軸のセラピストの原動力となるのは、夢や未来のワクワクする目標です。そして、その目標を語ることで周りの人も巻き込み、楽しみを倍増させていきます。行動力があり、一緒にいる人に驚きと楽しみを与えます。一方、そのストレートな言動は、良くも悪くも影響力があるので、ときには立ち止まって周りを見渡す必要があるでしょう。

また、ひらめきや直感が鋭い人が多く、何か問題が起きてもすぐに新しい対応策を思いつきます。過去にとらわれず、気持ちや行動の切り替えも早いです。常に湧き上がるアイディアから生み出される企画や仕組みづくりによって多くの人と交流し、幅広い人間関係を構築できる人です。

ガイド軸の得意なこと

望む結果を出すための「方法」を考え出し、それを形にすることが得意です。例えば、商品を売りたい場合は売れる仕組みをつくり出し、想いを多くの人に広めたい場合は広める仕組みを考え出します。その「仕組み」を提供することが、ガイド軸のセラピストの役割となります。

いち早く情報を集めることができるので、現状に即した最新の方法を提供できる人です。また、過去に多くの方法を実践してきた経験から、うまくいかなかった失敗データも多く持っています。そのため、事前にリスク回避を踏まえた方法もつくり上げることができます。

仕事においては、経済を生み出すためのキャッシュポイントを見つけるのも得意です。いろいろな角度から総合的に見て、必要な仕組みをつくるアイディアが生まれます。そのときの状況によって内容はさまざまですが、組織づくりやコミュニティづくりといった人のつながる仕組みや、商品販売や販路を見出す物販の仕組みなどを、必要に応じてつくり上げることができます。

いずれにしても、ガイド軸のセラピストが生み出すアイディアは、今ある問題を解決するのにとどまらず、未来も想定しています。そして、自らが生み出した方法やアイディアで、より多くの人の問題解決に役立つことが喜びになります。

02

ガイド軸の役割（使命）

業界を支え発展させる

ガイド軸のセラピストは、自分が導き出した問題解決の「方法」を必要な人に提供することで力を発揮します。今ある仕組みに満足することなく、より良い方法を生み出すことに力を注ぎ、できあがった仕組みが誰かの役に立つことが喜びになります。サポート軸やアシスタント軸のセラピストが抱える問題の解消方法を伝えることが役割です。

他にも、癒しや心のケアが日常的にできるようにアロマ（精油）やハーブティーなどの商品を販売し、その必要性を広めることもガイド軸のセラピストが得意とするところです。ガイド軸以外のセラピストは、商品販売はあまり得意ではありません。

例えば、サポート軸のセラピストは、施術に来るお客様がいても商品が売れるわけではなく、むしろ売ることにエネルギーを注ぐ必要はありません。サポート軸のセラピストの役割は、施術やセラピーなど「サービス」を提供することです。ですから、「商品」を売ることにフォーカスできるのは、ガイド軸のセラピストの役割になります。

「方法」や「商品」の提供にエネルギーを注ぐのはセラピストらしくないように見えると思いますが、その異色な役目を担っているのがガイド軸で、セラピスト業界（癒しの業界）を支える大きな役割を果たす存在でもあるのです。

輝きポイントはセラピストの「困った」を減らすこと

セラピストが仕事をしていく中で立ちはだかるであろう「壁」を事前に防ぐための仕組みを考え、そのつくり上げた新しいシステムや講座などのツールが広く浸透することで、役割を果たしている実感が得られます。

ガイド軸が生み出すアイディアは、多くのセラピストの活躍につながります。なぜなら、どんなセラピストも必ず壁が現れるからです。ひとつ乗り越え先に進めば、また新しい壁が現れる。その繰り返しなのです。この「壁」を事前に取り払う方法を見出す人がガイド軸のセラピストで、なくてはならない存在といえます。

セラピストの「困った」を解消するモノを考えつくり続ける限り、ガイド軸の仕事はずっと入り続けます。

03

役割を活かす方法

3つに分けられる得意分野

ガイド軸のセラピストが得意とする中でも分野が分かれます。それは「売る」「つくる」「広める」という3つの分野です。すべてできる人もいれば、そのうちの1つに長けている人もいます。

1. 物販をする

セラピストは物販を苦手とする人も多いのですが、ガイド軸のセラピストは例外です。例えば、サロンで化粧品を扱っている場合、通常は施術がメインとなり、化粧品を販売するのはサブ的な要素であることが多いと思います。しかし反対に、化粧品販売が目的で、化粧品の良さを伝えるために施術をするという営業スタイルを取れるのが、ガイド軸のセラピストです。実際は「お肌をキレイにしたい」という願いを叶えるためには、施術も化粧品どちらも必要になります。ただ、それぞれのセラピストの「軸」によって、最終的に収入の柱となるものが違うということです。

また、物販を仕事にする場合には仕入れが必要です。そのため、経済的な投資は必然的に大きくなります。せっかく投資をしたのに商品が売れ残ってしまっては仕事になりません。商品を売るための販路をつくるには、インターネットを使いこなすことは必須ですし、営業ももちろん必要です。

他にも、紹介から人脈を広げることも大切になります。ガイド軸のセラピストが物販を仕事にできるのは、こうした販路の開拓ができるという面をもっているからです。

そして、売っている「モノ」よりも、売っている「人」によって物販力に差が出てきます。ですから、内面と外面の両方を磨く必要があります。

2. オリジナルな商品（サービス）をつくる

ガイド軸のセラピストは、まだ世の中にない「オリジナル」なものをつくり出すのが得意です。0から1を生み出すことも可能ですし、1を10や100に広げることができる人です。

オリジナル商品の開発は、販売することで癒しを広め、サービスを提供するセラピストの助けになります。セラピストがお客様にサービスを提供する際には、アロマオイルやカラーボトルなどのツールが必要です。こうしたツールを含めたサービスを考えることも、心のケアの必要性を広めていくひとつの要素です。
また、新しい癒しのメソッドやメニューをつくり広めていくことも、ガイド軸のセラピストの役割です。自分のアイディアとひらめきからつくり出されたものを「カタチ」にすることで、多くの人から必要とされ仕事へと発展していきます。

私が提供している「アロマ深層筋セラピスト資格習得講座」も、どこにもないオリジナル講座で、心と身体の両面のケアができるセラピスト育成講座です。

東洋と西洋の施術を融合させた「癒し&結果」を叶える施術と、アロマを使ったカウンセリング法を取り入れたメソッドになっており、現在、各地から受講生が訪れています。

アロマ深層筋トリートメント施術用オイル

3. 周知を図る

自分の活動や想いを広めるのが得意なセラピストも、ガイド軸の中に多くいます。日常生活でもフルに五感を働かせて情報を取り入れることで、表現力も身につきます。どういう言葉が人の心に響き、どういう写真やビジュアルが人の印象に残るのかを考え、戦略的なプロモーションを立ててみましょう。

周知に効果的な方法は、時代とともに変化していきます。本や雑誌、メディア、インターネットなどから常に新しい情報を取り入れ、最適な方法を見つけます。

そして、セラピストが仕事をする上で一番の悩みとなる集客の問題にも、ガイド軸のセラピストが考えた周知の方法を提供するのが仕事になります。

04 ガイド軸の仕事スタイル

環境をつくる

コミュニティをつくることや協会を立ち上げることで、ガイド軸のセラピストの活動の場が広がります。

協会を立ち上げ自分の想いを広めることで、同じ想いをもった人が集まる場ができます。また、自分が構築したオリジナルメソッドや商品が提供できる環境にもなります。例えば、つくり上げたメソッドの資格が取得できる制度を設ければ、学びたい人が集まります。講座終了後にディプロマを発行すれば、提供する講師はもちろん、受講生にも喜ばれます。

協会に入る人や資格を取得する人は、あなたの想いに共感した人たちです。同じ想いをもった人たちがそれぞれできることで協力し合えれば、お互いの成長にもなりますし、業界全体も発展していきます。

コミュニティのイベントの様子

ＳＮＳやブログなどのインターネット媒体を通して自分の想いやできることを伝えることはできますが、実際に会う機会があるというのは繋がりが深まります。

多くの方が仲間とつながるコミュニティの存在を求めているのに、先陣を切る人は意外と少ないです。そこで、ガイド軸のセラピストがコミュニティづくりの方法をお伝えすれば、仲間の輪が広がっていくでしょう。

他にも環境をつくる方法があります。それは、施術やセラピーができるサロンという環境をつくり、オーナー業務をしていくことです。サポート軸のセラピストが施術やセラピーをするサロンをプロデュースし、運営を自分がすることもできます。オーナーとしてスタッフを雇用する方法もありますし、つくり上げたサロンを誰かに提供していくフランチャイズ化も可能になります。

プロデュースをする

資格をうまく仕事に活かせていないセラピストが相談できる相手となるのはガイド軸のセラピストです。癒しや心のケアを知らない人がやっているビジネスコンサルやセミナーを受けても、売上をあげるために、数字を追うことや集客に力を注ぐ方法を提案されることが多いので、自分らしさがなくなり苦しくなります。セラピストがうまくいく方法を提案できるのは、やはりセラピストしかいないのです。その中でもガイド軸のセラピストが一番適しています。

実際、私の提供する講座を受けたほとんどの方がプロデュース（コンサル）を希望されます。まだ開業したばかりのセラピストや、思うように売上が伸びず悩んでいるセラピストにとっては、相談できる人が必要です。

オリジナルメニューや講座の構築、SNSの活用、お申し込みが入る仕組み化を整えるのが主な業務内容ですが、ブランディングやスタッフ育成などサロン運営に関わるすべてを踏まえ、個々のお客様に合わせた内容で問題点の改善策を提案する総合プロデュースをする力が必要となります。

講演活動

業界での活躍や実績などによって、講演の依頼が入ることがあります。ガイド軸のセラピストは、基本的に人前に出るのは好まない傾向にありますが、発する言葉には影響力があります。講演は、まだ出会っていない人たちに癒しや心のケアの必要性をお伝えする良い機会になるので、ぜひチャレンジしてほしいと思います。主催者側の目的に合わせながらも、しっかりと自分の想いを伝えましょう。

あなたの話を聞いて、夢を持ったり将来の展望が見える人も出てくるでしょう。そして、直接あなたに会いに来る人が確実に増えます。

美容専門学校での講演

05

ガイド軸が力を入れるべきポイント

夢を語る

自分の夢をしっかり思い描いている人が多いのが、ガイド軸のセラピストです。その想いを内に秘めずに多くの人に知ってもらうことで、さらに多くの人の癒しや助けになります。ガイド軸のセラピストは、自分の夢を叶えるためならば困難さえ楽しみに変えていくことができる人です。その姿を見て勇気づけられる人はたくさんいるのです。

ガイド軸のセラピストは広めることが得意なので、今まで以上に自分の想いを、さまざまな場面で発信してみてください。きっと多くの人の共感を得られ、応援者も増えるでしょう。あなたの応援者が増えると、より癒しの輪が広がっていきます。

○あなたの今の夢は何ですか？

○今の仕事を通して何を伝えたいですか？

フットワークを軽くする

ガイド軸のセラピストの役割は広範囲なため、セラピスト業界の情報だけでは不十分です。あらゆる面から最新の情報を収集しなければなりません。不足を補うために、異業種の方との交流は重要な仕事のひとつといえるでしょう。多くの人との関わりから刺激を受けることで、新しいアイディアが生まれます。

また、いろいろな土地を訪れると新しい発見があり、自身の視野も広がります。ですから、普段の仕事も同じ場所で活動するより、積極的に動きまわるスタイルのほうが、ガイド軸のセラピストにとってプラスになるでしょう。

知らない情報を得ることは刺激となり、脳も活性化されるので仕事に必ずに役立ちます。また、新しいものを知ることはガイド軸の喜びでもあるので、各地をまわるのは自らの癒しにもなります。仕事に限らず、プライベートでもまだ行ったことのない場所を訪れ、新しい発見を楽しみましょう。五感をフルに働かせることで、情報をキャッチする能力が研ぎ澄まされます。

06

ガイド軸が気をつけること

執着しない

特定の人や、1つのサービスに固執しないことです。できあがったものは必要な人に渡るようにしていきましょう。何かに執着して手放さずにいると、常に新しいものを生み出すという本来の能力が鈍ります。自分が構築したサービスや仕組みはどんどん提供していくことで、また新しいアイディアが生まれます。

ひらめきが起こる瞬間は、ガイド軸のセラピストにとって喜びを感じるポイントでもあるので、自分の中にあるものを常に整理して、新しいものが入るスペースを空けておきましょう。そうすることで直感力も働きやすくなります。

人との付き合いにおいても、変化を恐れる必要はありません。会わなくなる人が出てきても、それぞれの流れによって新しい道へ進むのは素敵なことです。常に一緒にいなくても応援できる関係でいることが大切です。

セラピスト以外のビジネスパートナーを持つ

ガイド軸の仕事は、セラピストが知っている情報だけでは成り立ちません。仕組みをつくるときに必要となる契約事や事務作業も多く、一人で行うのは難しくなります。また、協会設立や商品開発に関しても、その時々で専門家の助けが必要になります。何かを始めるときに大切なのは「誰と組むか」です。特にガイド軸のセラピストには、現実的な部分で助け合える関係性を築ける相手が理想です。異業種の方の考え方やビジネスモデルからは新しいヒントを得ることができますし、アイディアも生まれます。セラピスト業界以外の方とのつながりも積極的に築いていきましょう。

Chapter 6

豊かさを
引き寄せる
セラピストの仕事術

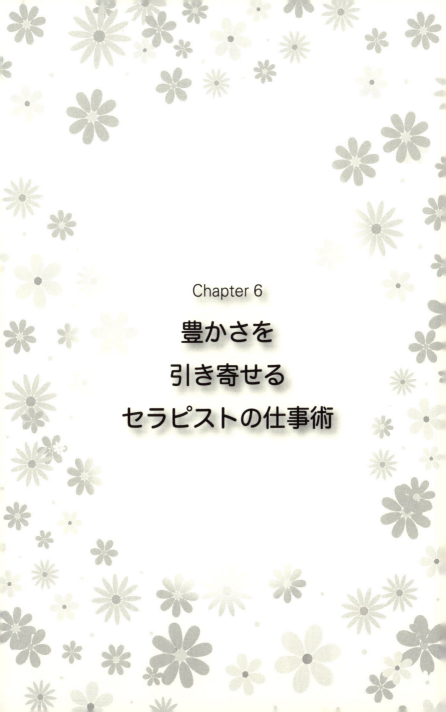

01

セラピストの存在を広める

お客様とつながるＳＮＳの活用

自分の仕事軸を知って役割が明確になれば、どんどん活躍していけます。あとは、あなたの存在を多くの人に知ってもらい、あなたを必要とする人と出会うことです。今の時代は、お金をかけなくても、家やサロンから一歩も出ることなく新しいお客様と出会うことができて仕事の依頼も入ります。

私が提供しているセラピストプロデュースや講師育成の仕事は、今までにお金をかけた広告は一切出していません。ですが、お申し込みが途絶えることはありません。そのきっかけとなっているのが、Ｆａｃｅｂｏｏｋとアメブロです。出会いからお申し込み、お支払いに至るまで、すべてがインターネット上で行われています。

私はＦａｃｅｂｏｏｋ上に、自分が何をやっている人なのかを明記しています。また、わかりやすく伝わるようにカバー写真やプロフィール写真を自分でつくっています。そうしておくことで、私のページに訪れた人にFacebook上で「名刺」をお渡ししている状態になるのです。どんなに遠く離れた人とでも名刺交換ができる、ということです。そうやって出会った人の中から、私に興味をもってくれた人が記事を読んでくれます。

ただ、Facebookはリアルタイムで記事が流れていくので、タイミングによっては必要な記事が読まれていないことがあります。そのため、投稿記事にはブログのURLを必ず掲載して、Facebookからブログにたどり着く流れをつくっています。

ブログの場合、どれだけ昔に書いた記事でも、読んでほしい記事がすぐに見つかる仕組みになっているので、講座内容についてはブログに詳しく掲載しています。そのため、今まで受講されたほとんどの方が、私のブログをしっかり読んで講座内容も理解した上で来てくれます。

存在を知ってもらい、興味をもってもらい、お申し込みをしてもらう。この流れをインターネット上につくることで、お客様との出会いの幅が広がります。近隣のせまい地域でお客様を探す必要もなくなるので、自分の存在を必要とする人と出会える可能性がグッと広がるのです。

事前の「おもてなし」でお申し込み率アップ

インターネットでは不特定多数の人が投稿記事を見ることができます。しかし、自分が理想とするお客様とつながらない限り、お申し込みは入ってきません。理想のお客様とつながる工夫が必要です。

どんな仕事にしても「信頼と信用」が大切です。そのために必要なのは自分をアピールすることです。どんな人で何ができるのか、それを写真と文章を使って伝えていきます。

コミュニケーションスキルのひとつに信頼関係の構築をする「ラポール形成」というテクニックがあります。ラポール形成は、無意識の部分でのつながりで、相手と良好な関係を築くためのテクニックです。

SNSでの投稿は、自然にお客様とラポール形成がされていきます。ただし、そのときに重要なのが、プラスのイメージを送る「写真」と、本能タイプにも理性タイプに伝わる「文章」の使い分けです。それにはどれだけ自己開示ができているのかもポイントになります。

これによって、会う前から心のつながりを感じられるようになり、実際に会ってから本音を打ち明けるまでの時間がかからず、問題の解決もスムーズになります。

他にも、インターネット上でお客様からお申し込みが入ってくるための事前準備があります。それは、申し込フォームと支払いのシステムを整えておくことです。お申込みフォームには様々なものがありますが、私の場合、お申込みフォームには「オレンジフォーム」というシステムを利用しています。また、支払いはネットバンク「楽天銀行」とクレジット払いを希望される方のために「ＰａｙＰａｌ」という決済システムを利用しています。

どちらも無料で簡単に導入できる便利なシステムです。このように、お客様が興味を持ってからストレスなくスムーズにお申込み手続きが完了できるように、準備しておきます。

おもてなしは、セラピストの得意とするところです。しかし、インターネット上での事前のおもてなしができてないセラピストが多いようです。

セラピストプロデュースでも、ほとんどの方にハード面の構築を聞かれます。ソフト面はできていても、ハード面ができていないセラピストがたくさんいます。セラピストがもっと輝くためには、その部分を完璧にしなければならないでしょう。

02

セラピストは競わない

競争相手は存在しない

自分の役割をまっとうしていれば、セラピスト同士での競争は起こりません。たとえ同じ軸だったとしても、競争相手にはならないのです。

なぜならば、これまで生きてた過去も経験も違えば、伝えられることも十人十色だからです。感性も違えば、考え方も違います。人は、今までの経験からでしか物事を考えられませんし、イメージもできません。まったく同じ人はこの世に存在しないので、他のセラピストと比べること自体が間違いです。ですから、他のセラピストを羨むことも、ライバル視することもあり得ません。

同じ種類のセラピーをしていたとしても、セラピストによってお伝えする言葉も内容も、それぞれ違うものになります。正解も不正解もないのです。判断されるとすれば、お客様が、そのセラピストが自分に合うと感じるか、好きと感じるかどうかだけなのです。

本音をさらけ出せる相手は特別な存在

セラピストは、自分に合ったお客様としか継続して関係性が保てない仕事です。どちらかが違和感を感じたら、それ以上続けられません。抱えている悩みを正直に話せる相手でないと、何も解決できないからです。

どの軸のセラピストの仕事でも共通しますが、相談に訪れるお客様は見栄やプライドを脱ぎ捨て、格好悪い自分や、人に見られたくない弱い部分をさらけ出すことになります。心を開けない相手に対して、自分の本音は出せません。またセラピストも、お客様に嫌われてでも言わなければならない場面があると思います。そんなとき、互いに信頼できる間柄でなければ、セラピストの言葉はお客様に届かないのです。

ですからお客様は、提供しているサービスの内容よりも、どんな人なのかを何よりも重要視します。そして、一度でも本音で話し合った相手は特別な存在になります。自分をわかってくれていると感じれば、次も相談しやすくなります。会うたびに信頼関係が深まるので、簡単に他のセラピストに変えることはないでしょう。

03

セラピスト同士のタッグの組み方

チームワークで輝く

自分の役割を果たすためにも、他のセラピストとのつながりはもっておきましょう。そうすることで、役割以外の依頼があったときに互いに助け合うことができます。

例えば、あなたがサポート軸（セラピーを生業にする）のセラピストであれば、講座の依頼があったときにはアシスタント軸（指導を生業にする）のセラピストにお願いすることができます。無理に自分でしようとせず、依頼したほうが仕事の効率が上がり、お客様が望む結果が出るのも早いです。紹介したからといって、お客様が奪われるわけではありません。むしろ、お客様にも紹介した講師にも喜ばれます。その結果、信頼も深まるのです。

アシスタント軸やガイド軸のセラピストであれば、癒しを求める人が現れたときには、サポート軸のセラピストを紹介しましょう。しっかりと寄り添ってくれる人がいるのはお客様にとって安心できますし、自分の時間も大切にできます。

また、自分に何か問題が発生したときに、セラピスト仲間の存在は助けになります。自分自身の心身のケアにはサポート軸、成長のためにはアシスタント軸、仕事の相談にはガイド軸というように、その時々で信頼できるセラピストがいることは心強いと思います。

他の人の仕事を奪わない

もし仮に、あなたがスーパーマンのように何でもこなせる人だとしても、やはり役割以外のことを日常的な仕事にするのはお勧めしません。それは、他の軸のセラピストに影響を及ぼしてしまうからです。

あなたが役割以外のことをすると、他の人の得意な役割（仕事）を奪ってしまうことになります。自分の使命以外のことは、得意としている人に任せましょう。奪わず役割分担していくことで、より多くのセラピストが輝ける機会が広がります。それぞれの個性を活かしたセラピストの活躍は、心のケアを多くの方へ届けます。そうした広い視野をもつことが大切で、成功するセラピストほど未来を見つめています。

04

セラピストが陥りやすい落とし穴

セラピストの特性

セラピストになる人の多くは、自らがつらい経験や悩みを抱え、それを乗り越えてきた過去をもっています。だからこそ人の心の傷みがわかり、同じように苦しみを抱えている人の力になりたいという想いがあります。そのために技術や知識を学び、必要な資格を取得して、お役に立てるサービスを提供しています。

ただ、感受性が豊かなだけに、自分が犠牲になっても相手を優先する傾向があり、サービスや時間の提供過多が見受けられます。

自分にかかる負担であれば我慢できるが、相手の負担になるのは耐えられない。これは素晴らしい長所ですが、ビジネスとなるとマイナスに反映されることもあるのです。

好きなことを仕事にする時に出てくる壁

普段からお客様を支える、いわゆる「黒子」の存在としての役割が多いため、人前に出るのをあまり好まない方が多いようです。また、帳簿などの事務作業やＳＮＳといった現代のテクノロジーには積極的になれない方も少なくありません。

しかし、セラピストを「仕事」にするのであれば、苦手だからといって、ビジネスとして必要な要素を外してはならないのです。自分の存在を知ってもらい、自分を必要とする人と出会うためにも、ＳＮＳなどで発信していくことは必須です。そうしなければ、いつまでたっても必要とされる存在にはなれません。

心のケアや癒しの必要性を知ってもらうためには、伝えるという行為は重要な仕事なのです。実際、私の講座やプロデュースを受けにくるセラピストの方々からは、この部分についての相談がとても多く、どうしたらお客様とつながれるのかのノウハウをお話ししています。

さらに、癒し系サロンをしている人は、売上のためにガツガツ営業をしたり、数字の計画を立てるのが苦手な方が本当に多いです。そもそも、過去の勤務先での営業ノルマや数字の追い込みに嫌気がさし、それで独立したという人が多いようです。

売上を上げるために好きな仕事までも嫌いになり、セラピスト自身が大きなストレスを抱えます。そうなってしまうと本来の目的である「お客様を癒す」ということさえできなくなってしまいます。セラピストの仕事は、自身が癒されない働き方をすると続けられなくなり、廃業さえしてしまうこともあります。せっかく好きなことを仕事にしたのであれば、それは避けたいですよね。

ただ、間違ってほしくないのは、好きなこと、楽しいと思うことを仕事にするのは、決して「ラクをする」ということではありません。好きなことを続けるために必要であれば、たとえ苦手なことでも楽しめるのではないでしょうか。未来をしっかり描けているセラピストであれば、そのはずです。

まずは苦手なことから目を背けず、現状を把握するのはセラピストビジネスでも大切です。そうすることで、自分の特性を活かした新たな働き方も見えてきます。どんなスタイルにも「うまくいく方法」は存在するので、現状が明確になっていれば、その方法を手にするだけです。

優等生になる必要はない

ＳＮＳの発信や、お客様との会話の中でも自己開示しきれないセラピストも多いようです。選ばれる為には、自分の良い面を知ってもらうことはもちろん大切なことです。しかし、時には意外な一面をさらけ出すことで、本来の魅力が伝わり相手との距離を縮めることもあります。また、過去に悩んできた事やそれを乗り越えた経験を話すことで、勇気づけられる人もいることでしょう。

自分と関わる人が、どんな考えや想いを持っているかは気になるものです。そこに、正しいとか間違っているというジャッジは存在しません。誰にどう思われるかということにとらわれず、あなたらしさを隠さず出すことで、あなたに魅力を感じたお客様と自然と繋がることができます。

そして、自分が好きと感じること、または嫌いと感じることなどを素直に表に出すことで、お客様も本音を打ち明けやすくなります。そんな本音を語れる相手とは、長く継続した関係を築くことができるのです。

インプットしたら必ずアウトプットすること

セラピストは新しい知識を得ようという意欲が高いので、学びに行くことが多いと思います。しかし、吸収することは得意でも、習得したことを表に出すことが苦手で、せっかくの知識や情報を活かせない人もいます。

そんなセラピストの意見としてよく聞くのは、「まだ表に出せるくらい自分のものになっていないから」ということ。大切なお客様に提供するのだから、完璧主義な部分はあっても良いとは思います。しかし、自分のものになるくらいになるには、何よりも経験が必要不可欠なのです。

その為には、少しずつでもアウトプットする行動をしていくこと。できるようになってからと言っていては、いつまでたってもその時はやってきません。やってみてこそ自分なりの形になり、その経験を積み重ねることでようやく「自分のモノ」になるのです。

一つ学んだあとには、必ず実践してみる。やってみて不足なところがあった場合には、その時から補えばよいのです。むしろ、やってみないことには自分の足りない部分すら見えてきません。また、興味あるものに何でも次々と手を付けるのではなく、先に学んだことを必ず実践してから次の新しいことを学びに行きましょう。

未来に良いイメージが描けない

人は、過去に経験したことや体験したことの中から、物事を組み立て考えています。何かイメージする時にも、過去の経験が元になります。ですから、新しいことにチャレンジする際には「自分にはまだ無理かな」という思いも出てくることでしょう。

プラスのイメージを描けないときに、その気持ちを最も早く払拭する方法があります。それは、自分の理想とする人やすでに成功している人と時間を共有することです。一緒に過ごす中で、その人達の想いや考え方、選択の仕方などを知り、新しいことを体感することで、自分がまだ知らないイメージを膨らませることができます。

今の結果は、今までのあなたの経験と考えが生み出したものです。もし今、うまくいっていないのであれば、成功している人の考えや行動に触れてみましょう。今まで思い描いたことのない新たなステージが見え、未来へのイメージも変化していきます。

考えてばかりにならない

日々過ごす中で、悩みや問題が出ることは避けられません。そんな時には、家族やビジネスパートナーに相談しながらも、自分の頭の中もどうしてもいっぱいいっぱいになる時もあると思います。

しかし、頭の中で考えてばかりいる時間がずっと続くのは、セラピストにとって良くありません。「考える脳」ばかり働かせると「感じる脳」が働かず感覚が鈍くなります。そうなると、気がつかないうちに心と身体のバランスが崩れていきます。必然的にお客様にまで影響してしまうので注意が必要です。

セラピストは日常的に五感を働かせることが大切です。目で見て、香りを感じ、肌に触れるといった行動の中で「心地よさ」を感じ、感情が湧き上がるような時間を取りましょう。そうやって身体の感覚を研ぎ澄ませることで、本来の豊かな感性を取り戻せば自然と思考もクリアになっていきます。

05

軸を決めて輝きだしたセラピストたち

セラピストが自分らしく輝くためには、役割を知って仕事の軸を決めること。それが明確になれば、不要なもの必要なものが必ず見えてきます。誰かの言葉に惑わされることなく、自分の想いを貫くことができるのです。そして、自分を堂々とアピールしていくことで必要な人と繋がり、あなたの持っている素晴らしい能力が活かされることでしょう。

最後に、自分の軸を知っていち早くビジネススタイルを構築した起業家さん達の活躍をご紹介します。心を大切にするセラピスト的な生き方をしながらも、しっかりとお仕事を確立されている方々です。

軸を決めたら働く時間が1／2でも収入は2倍に！（今村　有香さん）

変わりたい！そう思ってアロマヒーリング資格習得を藤井先生から受講しました。

「セラピスト的生き方」に共感し、私もたくさんのワーキングマザーに伝えたいと思いが強く

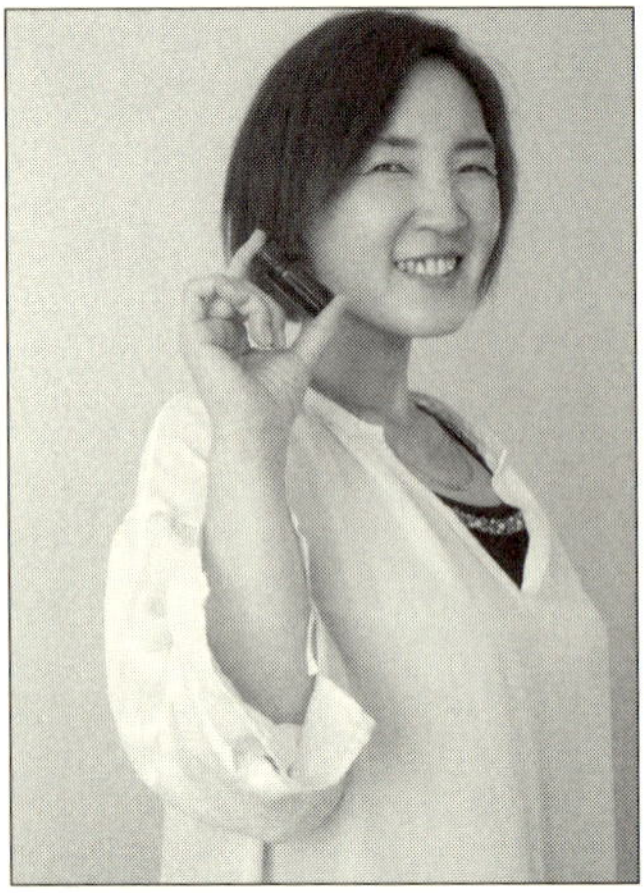

今村　有香
（いまむら　ゆか）
一般社団法人セラピスト協会認定アロマヒーリングエデュケーター
Gajuu（ガージュー）代表

アロマを潜在能力で選ぶ脳科学的栄養学に基づいたメソッド
【夢を叶えるアロ魔術® アロマヒーリング資格習得講座】開講中

今村　有香

Facebook お友達申請、アメブロ読者登録嬉しいです。

なり起業をしました。それまで、まったく起業できるなんて思っておらず、起業のノウハウもない素人でした。

そこで、藤井先生にプロデュースをお願いし自分の「軸」を知りました。自分に何ができて誰に提供するか、そこがしっかりわかってないと起業してもうまくいかないと知り、自分と向き合いながら私らしいお仕事スタイルを確立できました。

毎回のプロデュースが終わるたび、やる気に満ち溢れていて「私はできるんだ」「そうだ！これがしたかったんだ」という思いがどんどん明確になっていきました。私の望む生き方を具体的に思い描くことができるから、起業することに不安もなく前に進むことができました。

特に、パソコン作業は苦手だったのですが、写真の撮り方やブログ、ホームページの作成、お申込みのシステムの活用の仕方など、細かい部分まで教えてくださり、最終的には自分で作り上げることができました。

気づかなかった私の魅力を最大限に出してくださり、またそれを自分から発信できるようになるまでには、時には自分の嫌なところが見えて泣きそうになったり逃げ出したくなったりした時もありましたが、ずっと包み込む深い愛で待ってくれました。私の潜在的な部分が見透かされているかのようでびっくりすることも多々ありました。優しく導かれ気づいたらすべてうまくいっていたので驚きです。

現在は、頑張っているシングルマザーやワーキングマザーの方が自分を認めて好きになり、見えない不安から解放され、充実したライフスタイルを過ごせるよう、アロマヒーリングの資格習得講座を開き活動をしています。早朝から遅くまで、ろくに休みも取らず働いていた以前に比べて、今では働く時間が1/2でも収入は2倍になっています。

自分にとって一番輝ける場所を見つけた（竹中　亮真さん）

藤井先生のプロデュースは、よくある経営コンサルとはちょっと違いました。セラピストならではの方法で「好き」を「仕事」に変換し、仕組みを構築していきました。好きなことを仕事に出来るのはとても素敵ではないでしょうか。

その際、ただ好きなことを仕事にするのではなく、自分の「軸」を見つけていきます。軸が分かると自分の本来持っている魅力に気付き、方向性が見えてきます。その魅力をどんどん磨くことで魅力が強みへと変わっていきました。そうすることで自然とお客様にとって唯一の存在になりお客様から選ばれるようになりました。藤井先生のプロデュースでは、この部分を徹底的に行います。

実際に軸を見つけるワークをしてみたら、私はアシスタント軸でした。周りの人からは、なんとなくサポート軸っぽいと言われていたので正直驚きました。学生時代のトラウマから自分を抑えつけて生きてきたせいで本来の自分を見失っていることに気付きました。それと同時に、幼い頃の「ウルトラマンになりたい」という夢を思い出しました。それは講師として、救いの手を求め、私を選んで下さった方を救うことにつながりました。

その時、藤井先生から「ウルトラマンになればいいんだよ」と真面目なトーンで言われたことが今でも印象に残っています。その言葉は私にとって、何十年来トラウマとなっていたものから開放され、自由に素直になっていいんだと思えた瞬間でした。

そして、自分に合った軸で生きていくことはすごく楽しいことだと実感しています。県外や海外の方からもお仕事のお申し込みが入るようになりました。自分にとって1番輝ける居場所を見つけることができました。

竹中　亮真

（たけなか　りょうま）

セラピスト講師／プロデューサー

整体院 椿　代表

・国家資格　理学療法士

・（社）セラピスト協会認定アロマヒーリングエデュケーター

・国際統合リハビリテーション協会 A-Class Therapist

竹中　亮真

ブログ読者登録、Facebook お友達リクエスト大歓迎です。

プロデュースは、男性の私にも納得のいく方法でした。もちろん経営していく上で数字のことや魅力を強みに変えるための地道な作業は必要です。そのためプロデュースの際、厳しいお言葉を頂くこともありました。でもそれは裏を返せば藤井先生からの「愛」だったと今では思ってます。私はセラピストな生き方を知ったこと、そして何より藤井先生と出会えたことに感謝しています。この本を手に取って下った方は是非、藤井先生とお会いしてみてほしいと思います。お会いすればすぐに魅力的な方だということが分かりますよ。

最後に、私はカラダのケアとして整体院を経営しています。女性特有の症状（産後の腰痛や肩コリ、生理痛、冷え性、小顔になりたいなど）でお悩みを抱えている方のための院です。そして、アロマヒーリングを通じてご自身でココロのケア（ストレスケア）が出来る方を増やしていく活動も行っています。カラダとココロを整えることでその方の人生の豊かさや生き方が変わります。今後はこの経験を活かし、整体院やサロンを経営されている方、アロマヒーリングをお仕事にしたい方に向けて、男性的なコンサルの考え方とセラピスト的なプロデュースの考え方の良いところをＭＩＸし、私にしか出来ないその方に合わせたオーダーメイドのプロデュース活動を行っていきます。あなたの本来叶えたい夢の実現をサポートします。

オリジナルメソッドの構築で活動の幅が広がった（野村　佳南さん）

数ヶ月前の私は、この仕事で食べていく。そう意気込んで以前の仕事を辞めたのに、流されるように提案された案件を引き受け、自分がしたいことが見えなくなっていました。起業している知人が助言やアドバイスをしてくれたのですが、ビジネス用語やマーケティング用語についていけず、まずはそこを理解するように言われ、本を読んだり、セミナーに参加しましたが一向に前に進めていない自分がいて、もどかしくてパンクしそうになっていました。負のループにはまっている私に「自分の軸を知ることが大切だ」とご紹介を受けて出会ったのが藤井先生でした。

正直、初めましての方なのに、短期間で自分に合った方向にプロデュースしてもらえるのかと半信半疑でしたが、とにかく負のループから抜け出したくて必死で何がしたくてなぜ、以前の仕事を辞めてこの道に進んだのか経緯をお伝えしました。先生は要点をしっかり捉えてくれました。自分が大切にしていること自然と涙が出るくらい深いところまで自分と向き合うのに付き合ってくれました。「こうでもしないと本当の自分がわからないでしょ？」同じセラピスト業であるから気持ちをよくわかってくださり、独り立ちするために必要な事を順序良く紐解いてくれたおか

野村　佳南
（のむら　かな）
美人軸クリエーター
看護師、保健師、ベビーマッサージインストラクター、
ハイヒール専門インソールアドバイザー、ウォーキング講師

ミスコン参加をきっかけにウォーキングを学ぶ。ハイヒールウォーキング指導士として活動する中で、看護師としての知識・経験を生かした「エレガントに女性らしく歩くこと」を追求し解剖学・健康分野からのアプローチを含む美人軸 lesson を考案し活動をしている。

野村　佳南

Facebook お友達申請、アメブロ読者登録嬉しいです。

げで、相思相愛の関係として話し合え、方向性を共有しながら進めてくれる先生は心強かったです。

おかげで、ただのウォーキング講師ではなく、美人軸クリエーターという肩書きを見つけることができ、美人軸メソッドを構築することができました。先生を信じた自分を信じて活動していく中で、少しずつ自分らしくアレンジできるようになりました。もちろん、独り立ちした今でも迷うことはあります。自分で答えを出すのに時間がかかった時、相談する相手としてやっぱり藤井先生が思い浮かび、悩みを伝えると、私が考える先の先を読んでいることを痛感するから頭が上がりません。そんな心強いプロデューサーに育てられながら、今後目指すことは、美人軸クリエーターを増やし協会を設立して、美人軸メソッドの普及を通して歩き方から世界の健康を変えていくことです。私だからできることを、自信を持って普及していきたいと思います。

必要な情報を見極める

これから起業を考えている人だけでなく、既に起業されている方でも、本音では現状に迷いがあるのにどうして良いのか分からず伸び悩んでいる人がとても多いのです。セラピストに限らず、誰もが望めば起業できる時代になりました。それに伴って、経営ノウハウや集客方法などたくさんの情報も溢れています。そんな中、自分にとって必要なものを見極める力を持たなくてはいけません。

セラピストが自分らしく輝くためには、役割を知って仕事の軸を決めること。それが明確になれば、不要なもの、必要なものが必ず見えてきます。そして、上手に自分をアピールしていくことで必要な人と繋がり、あなたの持っている素晴らしい能力が活かされるのです。

06 セラピストが輝く時代に！

自分を信じぬく

これから起業を考えている人だけでなく、既に起業されている方でも、本音では現状に迷いがあるのにどうして良いのか分からず伸び悩んでいる人がとても多いのです。しかし、軸を決め行動する覚悟を決めると、悩みを抱える日々から開放され、望みに向かって歩みだす毎日へと変化します。その結果、成功を叶えるスピードがどんどんと加速し始めるのです。

そして大切なことは、自分が決めたこと、選んだ人を信じぬくことです。それは自分自身を信じることに繋がります。その信じる力が強さとなり、素敵な未来をつくる一歩を踏み出すパワーとなります。セラピストの持つ優しさと強さは、お客様にとっても心強いものです。

相談相手を見極める

セラピストの想いや価値観を持っていないコンサルタントへ相談へ行った人もたくさんいます。その方達の話の中には、売れる為にセラピストではない違う職種を勧められたり、数字を必死で追うような心が苦しくなる方法を教えられた人もいます。

コンサルを継続していても、結局、心と行動が一致することなく解決もしないまま時だけが過ぎていくという結果になり、泣きながら私のもとへやってきた方もいました。

クライアントの未来を本気で考えているコンサルティング会社であれば、セラピスト専門のコンサルタントを置いていたり、外部へ依頼する体制を整えているくらいです。実際に、私のところにもコンサルティング会社から仕事の依頼がありました。

やはり、専門分野に合わせた価値観や知識がないと、クライアントの問題解決には至らないということです。

情報化社会の現代にある多様なサービスの中で、相談に行くセラピスト側の方がしっかりと自分に合った人やサービスを受けるための「見極める力」を養っていく必要があります。

やはり、専門分野に合わせた価値観や知識がないと、クライアントの問題解決には至らないということです。

情報化社会の現代にある多様なサービスの中で、相談に行くセラピスト側の方がしっかりと自分に合った人やサービスを受けるための「見極める力」を養っていくことも必要になってきています。

おわりに

本書を最後までお読みいただき本当にありがとうございます。

セラピストの方々が、より活躍できるための方法の一つとして「軸」を中心にしたビジネススタイルについてお伝えしてきました。

いかがでしたでしょうか。

本書に綴ったセラピストの3つの仕事軸が、セラピストを仕事にしている皆さんの新たな気づきや、今後の活躍のヒントになれば、とても嬉しいです。

私自身、16年間の業界の中で、幾度となく涙を流し挫折しそうになった過去を持っています。自分の不甲斐なさを感じて自信をなくし、誰にも会いたくないという時期もありました。

そんな時に心の支えになったのは、必要としてくれるお客様がいたこと。そして、周りにいる同業のセラピスト仲間からの言葉でした。セラピストだからこそ解り合える傷みがあるのだと思います。

仕事において何か問題が出て来たときには、自分1人で抱え込んでいては解決も遅く、なかなか前に進まないものです。信頼できる人には、出来ていない自分を隠さずさらけ出すことも時には必要になります。

私もそうやって周りのセラピスト仲間に支えられて、新しい方向性を見出す事ができました。そして、現在では同じような相談を現役のセラピスト達から受けています。

セラピスト同士がお互いを高め合っていくことが出来れば、心のケアの大切さや癒しの必要性はもっと多くの方に伝わり浸透していくでしょう。

心のケアというのは、今が辛い状態にいる人にとっては癒しや支えになります。また、今が幸せと感じている人にとっても、素敵な未来を過ごすための心の成長に繋がると感じています。

毎日の暮らしの中で、不安や焦りを感じている人は多いですが、それでも変化したいという気持ちは、誰もが心のどこかで持っているのではないでしょうか。

心のケアの大切さを深く知っているセラピストの方々が活躍することは、多くの方の毎日を輝かせることができます。お客様が輝けば、セラピストも間違いなく輝きます。それは、仕事としてだけではなく、日々の暮らしまでも素敵な変化を起こします。

「成功」と「成幸」の両方を手にすることこそセラピストには必要です。あなたのビジネスが加速することで、家族や友人などあなたが大切に想う方々と、豊かな毎日を過ごせるよう願っています。

最後に、本書の出版にあたり多くの労力を費やし、支えてくださった出版プロデューサーの山田稔先生、ありがとうございました。

いつも励まし応援してくださる一般社団法人セラピスト協会の菊地スミエ先生、並々ならぬお力添えに感謝いたします。

多くのセラピスト仲間やお客様、そして家族に支えられ最後まで書くことができました。ありがとうございます。

そして、何よりも本書を手にとって下さったあなたに最大の感謝を込めて・・・

「本当にありがとうございます」

ぜひお会いして、素敵な未来を築くためのお話ができる日が来ることを心待ちにしております。

２０１７年９月吉日

藤井　美江子

著者プロフィール

藤井　美江子（ふじい　みえこ）

エステティックサロン Sion ～心穏～ 代表
セラピストスクール Dear Clan 運営
セラピスト講師
セラピストプロデューサー
一般社団法人セラピスト協会 理事

石川県金沢市出身。
癒し＆美容業界16年。エステティシャン・美容専門学校講師を経て独立開業。現在まで3店舗のエステ・ネイルサロンの経営実績を持ち、全てのサロンを1年で1,000万サロンに成長させる。セラピストやエステティシャン向けたスクールでは、オリジナル技術の「アロマ深層筋トリートメントメソッド」が人気で、県外からの受講者も多く訪れる。また、個人起業家やサロンオーナーに向けたセラピストプロデュースは絶えることなく依頼が入り予約待ちとなっている。

監修

一般社団法人セラピスト協会

売れっ子セラピストだけが知っている 3つの軸　自分もお客様も豊かで幸せになる方法

2017年9月28日　初版第一刷発行

著　者　藤井 美江子
発行者　宮下晴樹
発　行　つた書房株式会社
〒101-0025　東京都千代田区神田佐久間町3-21-5　ヒガシカンダビル3F
TEL. 03（6868）4254
発　売　株式会社創英社／三省堂書店
〒101-0051　東京都千代田区神田神保町1-1
TEL. 03（3291）2295
印刷／製本　シナノ印刷株式会社

ISBN978-4-905084-22-8